Peter Reichelt
Schreibautomaten in der ordentlichen Gerichtsbarkeit

Datenverarbeitung im Recht (DVR)

Archiv für die gesamte Wissenschaft der Rechtsinformatik, der Rechtskybernetik und der Datenverarbeitung in Recht und Verwaltung

Organ der Gesellschaft für Rechts- und Verwaltungsinformatik e.V.

Beiheft 9

1978

J. Schweitzer Verlag · Berlin

Schreibautomaten in der ordentlichen Gerichtsbarkeit

Einsatzbereiche und Erfahrungen
Eine Umfrage

Von

Peter Reichelt, Bonn

1978

J. Schweitzer Verlag · Berlin

CIP-Kurztitelaufnahme der Deutschen Bibliothek

Reichelt, Peter:
Schreibautomaten in der ordentlichen Gerichtsbarkeit : Einsatzbereiche u. Erfahrungen ; e. Umfrage. – 1. Aufl. – Berlin : Schweitzer, 1978.
(Datenverarbeitung im Recht : Beih. ; 9)
ISBN 3-8059-0525-4

 Druck: Karl Gerike, Berlin. – Bindearbeiten: Dieter Mikolai, Berlin –
Printed in Germany.

Inhaltsverzeichnis

1. Einleitung

zugleich Zusammenfassung für den eiligen Leser

Die Gesellschaft für Mathematik und Datenverarbeitung (GMD) hat – im Rahmen eines wesentlich weiter gefaßten Forschungs- und Entwicklungsprojektes (s. Abschnitt 2) – eine Umfrage über den Einsatz von Schreibautomaten an ordentlichen Gerichten und Staatsanwaltschaften durchgeführt, deren Ergebnisse hiermit vorgelegt werden. In dem erwähnten Projekt wird u.a. der Frage nachgegangen, ob und ggf. in welchem Umfang es angebracht ist, Geräte der elektronischen Datenverarbeitung für die Zwecke von Gerichten einzusetzen (EDV-Unterstützung des gerichtlichen Geschäftsbetriebs, u.a. auch Erstellung von Texten). Während Geräte der Datenverarbeitung heute erst in wenigen Einzelfällen[0] in Gerichten verwendet werden, sind Geräte der Textverarbeitung bereits in größerem Umfang im Einsatz.

Um also einen Überblick über die Anwendungen der Schreibautomaten im Justizbereich zu gewinnen (Anzahl und Art der installierten Geräte, ausgeführte Arbeiten), gleichzeitig aber auch ein Bild von den jeweiligen Bedingungen der Einführung und des Einsatzes der Geräte zu erhalten (Erfahrungen), wurde diese Umfrage durchgeführt. Nicht zuletzt können die Ergebnisse vielleicht auch ein Hilfsmittel für die Gerichte und übergeordneten Dienststellen zur weiteren Planung des Einsatzes von Schreibautomaten sein.

Dank der Unterstützung der Landesjustizverwaltungen konnte die Umfrage auf zehn Bundesländer (einschließlich Berlin) erstreckt werden, es liegen die Unterlagen von 181 Justizbehörden vor. Fast 60% der befragten Stellen sind Amtsgerichte, an denen durchweg die Bearbeitung von Grundbuchsachen im Vordergrund steht. Die damit verbundenen Schreibtätigkeiten lassen sich relativ leicht in immer wiederkehrende Bestandteile auflösen (sog. Textbausteine), die einmal gespeichert und dann mit einem Selektionskriterium angesprochen werden können; der Schreibautomat wird hier als Korrespondenzautomat benutzt (s.Abschnitt 3.), die Tätigkeit wird auch als Text<u>ver</u>arbeitung bezeichnet.

Bei Landgerichten und Oberlandesgerichten steht dagegen die Fertigung von Urteilen und Beschlüssen im Vordergrund. Diese werden nur selten als Textbausteine gespeichert, vielmehr wird der Schreibautomat dazu benutzt, zunächst eine vorläufige Fassung des jeweiligen Textes zu erstellen, die dann überarbeitet und ggf. geändert werden kann, wobei nur die Änderungen neu eingegeben werden müssen. Es ist dies eine andere Verwendung des Schreibautomaten, der in dieser Funktionen als Korrekturautomat bezeichnet wird; im Gegensatz zur Textverarbeitung wird hier auch von Text<u>be</u>arbeitung gesprochen.

An den 181 an der Umfrage beteiligten Stellen sind 299 Schreibautomaten im Einsatz. Die Ausrüstung der Justizbehörden mit diesen Geräten ist je nach Behördentyp sehr unterschiedlich. Zwar stehen in absoluten Zahlen die weitaus meisten Geräte an Amtsgerichten (60%, bezogen nur auf die ordentlichen Gerichte), jedoch machen die Amtsgerichte einen noch größeren Anteil an den ordentlichen Gerichten insgesamt aus (84%). So ergibt sich das Bild, daß in 18% der Amtsgerichte, in 34% der Landgerichte und in 53% der Oberlandesgerichte mindestens ein Schreibautomat steht. Bei diesen Angaben handelt es sich um Mindestwerte, da nicht sichergestellt ist, daß in der

0) z.B. Grundbucheintragungen in Mainz.

Umfrage wirklich alle Geräte erfaßt sind. Der in diesen Zahlen erkennbare Trend, Schreibautomaten bevorzugt den "höheren Gerichten" zur Verfügung zu stellen, wird noch bekräftigt durch den Vervielfältigungseffekt: Ist an einer Stelle erst einmal ein Schreibautomat vorhanden, so wird auch leicht ein weiterer beschafft. Betrachtet man nur die Gerichte, an denen mindestens ein Gerät vorhanden ist, so kommen auf 10 Amtsgerichte 14, auf 10 Landgerichte 21 und auf 10 Oberlandesgerichte 34 Geräte.

Die Zahl der eingesetzten Schreibautomaten ist seit den bescheidenen Anfängen etwa 1968 bis heute beständig gestiegen, meist mit zunehmenden Wachstumsraten, eine Sättigung des Justizbereiches mit diesem Produkt ist nicht ersichtlich. Zu demselben Ergebnis gelangt man, wenn man sich die verwendeten Gerätetypen ansieht: Des öfteren wird beklagt, die eingesetzten Geräte seien technisch überholt, ca. 35% der Geräte sind Lochstreifengeräte mit ihren spezifischen Nachteilen, die auch in den Fragebogen zum Ausdruck kommen, während auf der anderen Seite ganze drei der 299 Geräte mit einem Bildschirm ausgerüstet sind. Es soll hier keineswegs behauptet werden, daß Bildschirmgeräte immer zu bevorzugen seien, aber diese Zahlen deuten immerhin an, daß die mit der Umfrage erfaßten Schreibautomaten zu einem guten Teil bereits überaltert sind.

Die Gerätetypen werden von den einzelnen Bundesländern in recht unterschiedlicher Weise gewählt. Während einige Länder (Bayern, Nordrhein-Westfalen, evtl. Hessen) offensichtlich deutsche Hersteller bevorzugen (Datic, Kalle, Scribona-Geräte), gibt es in Niedersachsen und Schleswig-Holstein durchaus eine größere Anzahl von IBM-Geräten. Auch die Frage "Kauf oder Miete" wird von den einzelnen Bundesländern unterschiedlich beantwortet. Während in Baden-Württemberg und Niedersachsen die Geräte überwiegend gemietet werden, werden sie in den anderen Ländern überwiegend oder sogar ausschließlich gekauft.

Die geschilderten Erfahrungen und der allgemeine Eindruck sind überwiegend positiv; es treten weniger oder keine Tippfehler auf, man erhält eine einheitliche Textwiedergabe, es trifft eine Arbeitserleichterung beim Schreiben selbst und bei den Folgearbeiten ein, der Geschäftsbetrieb wird beschleunigt. Dies führt jedoch keineswegs immer zu Personaleinsparungen, es wird vielmehr oft betont, daß durch den Einsatz des Schreibautomaten Mehrarbeit und zusätzliche Personaleinstellungen abgefangen werden konnten. In 38 Fällen wird eine echte Personaleinsparung zwischen 1/2 und 2 Arbeitskräften angegeben. Deutlich positiver wird eine Zeiteinsparung beurteilt: Meist lautet das Urteil "ja, bis ca. 30%", sehr oft aber auch "ja, über 30%" bis zu "erheblich". Der Unterschied zwischen der Zeit- und Personaleinsparung wird entweder als echte Entlastung spürbar oder durch vermehrten Geschäftsanfall aufgezehrt. Mitunter wird auch gar keine Zeiteinsparung gegenüber dem bisherigen Betrieb erzielt, etwa weil die vorbereitenden Arbeiten (Rüstzeiten) sehr zeitaufwendig sind.

Die Einarbeitungszeit für den in Frage stehenden Schreibautomaten ist natürlich von dem Vorwissen der Bediener abhängig; für ein erstes, rein technisches Verständnis werden etwa ein bis sechs Tage benötigt, für die Beherrschung des Gerätes etwa zwei Wochen bis zwei Monate.

Als sehr mißlich wird es empfunden, wenn das Gerät technisch anfällig ist. Selbst wenn - wie meistens der Fall - ein Wartungsvertrag abgeschlossen wurde, bedeuten Ausfälle des Gerätes natürlich eine zusätzliche Belastung. In 30 Fragebogen wird berichtet, daß die Geräte störanfällig oder sogar sehr reparaturanfällig seien. Wenn die Bedienungskräfte nicht über ein technisches Einfühlungsvermögen verfügen, dann reagieren sie auf Anfälligkeit besonders empfindlich, da bereits ein kleiner Defekt das Gerät für den Augenblick völlig unbrauchbar machen kann, sie aber nicht erkennen, daß es nur ein kleiner Defekt ist. Der Kundendienst wird, sofern überhaupt erwähnt, als schnell und zuverlässig bezeichnet.

Ein sehr wesentlicher Punkt bei der Einführung neuer technischer Geräte ist die organisatorische Einbettung in den sonstigen Betrieb. Aus den Antworten geht hervor, daß die dazu nötigen Vorarbeiten nicht immer im wünschenswerten Umfang durchgeführt worden sind bzw. - und dies scheint eine Eigenart der Justiz zu sein - wegen der Kompetenzverteilung gar nicht durchgeführt werden können (jedenfalls nicht von dem jeweiligen Gericht): Mit einem Schreibautomaten lassen sich nur Loseblattarbeiten erledigen, während andererseits gerade das Grundbuch nur teilweise in Loseblattform geführt werden kann; mehrfach wird gesagt, daß weitere für das Gerät geeignete Arbeiten noch untersucht werden und daß ein Hauptproblem darin bestehe, daß "die kanzleimäßige Erledigung eines Verwaltungsvorganges vielfach durch mehrere Kanzleikräfte wegen unterschiedlicher Zuständigkeiten erfolgen muß".

So sehr man auch die Forderung unterstützen muß, die Maschinen sollten sich den Bedürfnissen des Menschen anpassen und nicht umgekehrt, so fraglich muß es andererseits erscheinen, neue Maschinen zu beschaffen und alte Arbeitsorganisationen unverändert beibehalten zu wollen; hierbei würde die Maschine nicht den einzelnen Menschen, sondern der Organisationsstruktur angepaßt. Wenn die Maschinen mit Gewinn eingesetzt werden sollen, dann wird sich der Arbeitsablauf in der organisatorischen Umgebung ändern müssen. Die Maschine kann dabei eine Leitfunktion übernehmen, so wird in einer Antwort ausgeführt, die Konzentration und Standardisierung bestimmter Schreibarbeiten begünstige organisatorische Veränderungen. Man soll sich aber stets darüber im klaren sein, wer der Herr und wer der Knecht ist.

Aus 95 Fragebogen, in denen die Rubrik "Erfahrungen" aussagekräftig formuliert war, wurden diese Formulierungen zu einer Charakterisierung des allgemeinen Eindrucks zusammengestellt. Diese Charakteresierungen sind ganz überwiegend postitiv: Sechs ausgesprochen negativen Einschätzungen (Benutzung rückläufig, für Justiz kaum geeignet, Gerät wurde abgeschafft, ..) und 13 eher negativen Beurteilungen (nur bedingt geeignet; Möglichkeiten bei weitem nicht ausgeschöpft, Wunsch nach Ersatzgerät, ...) stehen 36 eher positive und 29 sehr positive Äußerungen gegenüber. Bei diesen wird betont, die Schreibkräfte seien zufrieden, das Gerät sei ausgereift, optimal verwendbar und bringe eine beträchtliche Arbeitserleichterung oder sogar einen "anderweitig kaum erreichbaren Erfolg".

2. Das Projekt MEREFO

2.1 Der Projektrahmen

Die Abwicklung von Gerichtsverfahren gibt bei den verschiedenen betroffenen Gruppen (Richter, Justizangestellte, Rechtsanwälte, Rechtsschutz suchende Bürger usw.) Anlaß zu einigen Klagen, weil sich - aus der jeweiligen Sicht - eine günstigere Abwicklung vorstellen läßt. So wird beklagt:

- die Prozesse (Zivilprozesse) dauern zu lange [1];
- die Prozesse (Zivilprozesse) sind zu aufwendig (Kostenbarriere) [2];
- die Prozesse sind zu wenig durchschaubar (u.a. Sprachbariere) [3];
- Material über den Arbeitsanfall und seine Abwicklung (Statistiken) sind erst zu spät verfügbar und zumindest teilweise schwer zu handhaben [4].

Werden diese oder ähnliche Klagen als berechtigt angesehen und will man ihnen nachkommen, so gibt es dazu unter Berücksichtigung der Grundlagen des Rechtsstaates (Gleichheitsgrundsatz, Unabhängigkeit der Richter usw.) im wesentlichen die folgenden Möglichkeiten:

- Änderung der entsprechenden Verfahrensvorschriften (z.B. ZPO);
- Personalvermehrung;
- Änderung in der Organisation der Justizbehörden, wobei Organisation im weitesten Sinne verstanden werden soll, also auch Arbeitsabläufe, Arbeitsstile, technische Unterstützung usw. umfaßt;
- Veränderung der äußeren Lebensbedingungen in der Weise, daß der Geschäftsanfall sinkt.

Derartige Veränderungen sollten - um auf einer soliden Grundlage zu stehen - vor einer evtl. Anwendung folgende Planungsphasen durchlaufen [5]:

1. die Erstellung eines in sich geschlossenen Gedankenmodells;
2. die Überprüfung, Veränderung und Verbesserung des Gedankenmodells durch systematisch betriebene Rechtstatsachenforschung;
3. die Erprobung des durch Rechtstatsachenforschung verbesserten Gedankenmodells durch echte Experimente, Planspiele und Simulationsmodelle.

Für die beiden letzten Phasen müssen geeignete Methoden und Hilfsmittel zur Verfügung stehen. Solche Mittel zu erarbeiten und bereitzustellen ist das hauptsächliche Ziel des Projektes MEREFO (Methodische Hilfsmittel

1) S. z.B. Bericht der Kommission für das Zivilprozeßrecht, herausgegeben vom BMJ, März 1977, S. 29 sowie die "Beschleunigungsnovelle" (BT-Drucksache VI/790).
2) S. z.B. die Bemühungen, das bestehende Armenrecht zur Prozeßkostenhilfe zu erweitern (aufzuwerten).
3) S. z.B. G. BAUMGÄRTEL: Gleicher Zugang zum Recht für alle, Köln, März 1976, S. 114 ff.
4) S. z.B. Bericht der Arbeitsgruppe Justizstatistik des BMJ, März 1976, S. 1.
5) Nach BENDER (Hrsg.): Tatsachenforschung in der Justiz, Tübingen, 1972, S. 5

der Rechtstatsachenforschung und DV-Unterstützung der Justiz), welches seit Anfang 1975 im Institut für Datenverarbeitung im Rechtswesen (IDR, Leitung: Prof. Dr.Dr.H. Fiedler) der Gesellschaft für Mathematik und Datenverarbeitung (GMD) durchgeführt wird.

- mit der Justizstatistik (in Zivilsachen) als einem gewissermaßen ständigen Hilfsmittel der Rechtstatsachenforschung (hier: Aufbau einer Datenbank für ständige und vielseitige Nutzung der Zählkartenstatistik, Überlegungen für eine auch inhaltliche Neukonzeption);
- mit den Möglichkeiten, die die empirische Sozialforschung für die Aufhellung der komplexen Zusammenhänge des Systems Justiz bietet;
- mit Simulationsmodellen (hier: Simulation der Abwicklung von Zivilprozessen an einem Gericht);
- mit den Möglichkeiten einer EDV-Unterstützung des gerichtlichen Geschäftsbetriebs.

2.2 Konzept für eine EDV-Unterstützung des gerichtlichen Geschäftsbetriebs

Bei der Diskussion über die vielfach beklagte Unzufriedenheit mit der Justiz wird in aller Regel nur die richterliche Tätigkeit betrachtet. Diese bedarf jedoch einer umfangreichen "Infrastruktur", um effektive Arbeit leisten zu können. Zu dieser Infrastruktur gehören in erster Linie die Geschäftsstellen mit den Kanzleien.
Im Mittelpunkt der Geschäftsstellentätigkeit steht die Anlage und Verwaltung von Akten und Registern. Nach den Vorschriften der Aktenordnung sind mehrere Register zu führen, die teilweise inhaltsgleich und nur verschieden sortiert sind. Daneben ist für jedes Verfahren eine Zählkarte anzulegen, die die Grundlage für die bundesweite Justizstatistik bildet, und in die teilweise dieselben Daten wie in die Register einzutragen sind. Der Kontakt mit den Prozeßbeteiligten (Kläger, Beklagte, Rechtsanwälte) erfordert das Schreiben diverser Texte, wobei es sich sowohl um formalisierte Texte (Formulare) als auch um umfangreichere individuelle Texte (z.B. Urteile) handeln kann.

Betrachtet man diese und evtl. weitere Aufgaben des gerichtlichen Geschäftsbetriebes unter dem Gesichtspunkt einer möglichen automatischen Datenverarbeitung, so gelangt man zu dem Konzept eines "Gerichts-Basissystems" [6]. Dieses System speichert für jedes Gerichtsverfahren die Registerdaten, und zwar nur an einer Stelle, so daß spätere Eintragungen oder Änderungen (Update) auch nur an einer Stelle vorgenommen werden müssen. Als Erweiterung bietet sich die Zählkartenerstellung unmittelbar an. Es ist innerhalb dieses Konzepts möglich und wünschenswert, noch weitere, im Geschäftsbetrieb des Gerichts anfallende Arbeiten maschinell abwickeln zu können; und gerade in der Möglichkeit, mit nur geringem Mehraufwand weitere Funktionen zu automatisieren und damit Arbeitskräfte von Routinearbeiten zu entlasten, liegt der eigentliche Wert des Konzepts. Diese Überlegungen wollen nicht als (weiteres) Konzept zur Automatisierung (schlechthin) verstanden werden, sondern sie erscheinen den Autoren sachlich geboten und fallen zugleich in einen Bereich (nämlich die Justiz), der sich

---

6) Die GMD hat einen eigenen Schwerpunktbereich "DV-gestützte Büro- und Verwaltungssysteme" geschaffen in dem typische Belange der Automatisierung von (im weitesten Sinne) Bürotätigkeiten systematisch untersucht werden.

"in manchen (Bundes-) Ländern in einem permanenten Nachholbedarf insbesondere im nichtrichterlichen Dienst befindet. Hier könnte durch die Automation evtl. eine gewisse Beruhigung der angespannten Personalsituation eintreten ... Vor allem bei der Führung öffentlicher Register sowie bei der Tätigkeit der Geschäftsstellen dürften hier noch erhebliche Rationalisierungsreserven liegen" [7].

Arbeiten, die für eine Automatisierung im o.g. Sinne geeignet scheinen, sind hier

- automatische Registerführung
  (Dazu werden Namen von Klägern, Beklagten und Rechtsanwälten sowie Termine von Sitzungen abgespeichert; das Nachschlagen in einer Kartei wird durch das Eingeben bestimmter Befehle an einem Bildschirmgerät ersetzt);
- automatische Zählkartenerstellung
  (Die Daten der Zählkarte werden abgespeichert, sie stehen von Anfang an in maschinenlesbarer Form zur Verfügung, die papierenen Zählkarten können entfallen; für die Dateneingabe werden Plausibilitätskontrollen vorgesehen, wodurch eine größere Zuverlässigkeit und Aktualität ermöglicht wird;
- automatisierte Texterstellung
  (Werden zusätzlich die Adressen der Kläger, Beklagten und Rechtsanwälte sowie der Standardschriftwechsel (Ladungen, Mitteilungen, ...) gespeichert, so können nach der entsprechenden Verfügung (z.B. Terminverfügung) die daraus resultierenden Schriftstücke durch einen einzigen Befehl gedruckt werden);
- automatisierte Terminierung
  (Werden die Namen und Verfügbarkeiten der Richter und Rechtsanwälte gespeichert, so können von der benutzten Rechenanlage für die Sitzungen solche Termine angeboten werden, die sich mit Sicherheit nicht mit anderen (der Maschine bekannten) Terminen überschneiden).

Der probeweise Einsatz eines solchen Basissystems (Registerführung und Zählkartenerstellung) wird am Amtsgericht Wiesbaden und am Landgericht Frankfurt/M. betrieben.

Auch zu dem dritten Punkt gibt es in der Projektgruppe fortgeschrittene Überlegungen. Im Jahre 1978 sollen einige Geschäftsstellen eines Gerichts [8] mit einem solche, vom Projekt MEREFO entwickelten System arbeiten.

Es ist offensichtlich, daß eine Realisierung dieses Konzepts oder von Teilen daraus eine Fülle weiterer Probleme aufwirft (Stichworte: Organisation, Systementscheid, Datenschutz, ...); darauf kann hier jedoch nicht im einzelnen eingegangen werden.

---

7) Franz GÖTTLINGER: Automatisierte Datenverarbeitung in der Justiz; in: Der Öffentliche Dienst, Nr. 9/1977, S. 193-198.

8) Landgericht Frankfurt/Main.

2.3 Automatisierte Texterstellung

Der obige Punkt drei (automatisierte Texterstellung) ist ein Arbeitsgebiet, für das allein der Einsatz einer Datenverarbeitungsanlage (DVA; Datenerfassungsgerät mit Möglichkeiten der Dateiverarbeitung, Gerät der Mittleren Datentechnik) übertrieben erscheint. Aufgaben dieser Art lassen sich besser und vor allem billiger durch einen geeigneten Schreibautomaten abwickeln. Da jedoch einerseits die variablen Daten (Name, Termine) gemäß des oben dargestellten Konzepts bereits gespeichert sind, andererseits die direkte Benutzung dieser, in der DVA gespeicherten Daten auf einem Schreibautomaten aus technischen Gründen bisher kaum realisiert ist [9], wurde zunächst daran gedacht, auch die Texterstellung - soweit automatisierbar - auf der DVA erstellen zu lassen.

An dieser Stelle erscheint es notwendig, sich darüber zu informieren, in welchem Umfang und auf welche Weise im Justizbereich bereits Schreibautomaten verwendet werden.

Diese Überlegungen führten dann dazu, daß die hier vorzustellende Umfrage vorbereitet wurde. Einige Vorgespräche mit Landesjustizministerien und einzelnen Gerichten zeigten, daß auch seitens der Justiz Interesse daran besteht, einen größeren Überblick über den Einsatz von Schreibautomaten sowie insbesondere auch über die Erfahrung mit diesen Geräten zu gewinnen.

---

9) Der Trend der Hersteller von Schreibautomaten geht jedoch in diese Richtung; vgl. verschiedene Berichte von der Hannover-Messe 1977.

3. Der Begriff "Schreibautomat"

Es soll hier nicht bis ins letzte Detail der Frage nachgegangen werden, was denn nun genau unter einem Schreibautomaten zu verstehen sei; andererseits erscheinen doch ein paar erläuternde Worte sinnvoll, die über die vordergründige Festlegung "Schreibautomaten sind Geräte, mit denen die in diesem Bericht genannten Tätigkeiten ausgeführt werden" hinausgehen [10].

Unter einem Schreibautomaten wird eine Büromaschine verstanden, mit der Texte auf maschinenlesbaren Textträgern gespeichert und derart gespeicherte Texte automatisch herausgeschrieben werden können. Diese Formulierung enthält bereits die wesentlichen technischen Merkmale eines solchen Gerätes. Im einzelnen ist erforderlich, daß

- Texte wahlweise durch manuelle Eingabe oder durch automatische Steuerung geschrieben werden können;
- mindestens eine Eingabe- und eine Ausgabeeinrichtung für Textträger vorhanden ist, durch die Informationen auf einen Textträger gespeichert bzw. auf einem Textträger gespeicherte Informationen gelesen werden können;
- mindestens einige der Funktionen des Gerätes automatisch - d.h. nach einem Anstoß von selbst mit der Möglichkeit von Verzweigungen - ablaufen;
- das Gerät ohne Verbund mit anderen Büromaschinen funktionsfähig ist.

Durch diese Festlegungen ist ein Schreibautomat einigermaßen gegenüber anderen Büromaschinen, insbesondere gegenüber der Schreibmaschine und verschiedenen Geräten der Datenverarbeitung abgrenzt. Die nächste Aufgabe ist nun, verschiedene Schreibautomaten voneinander abzugrenzen, eine Klassifizierung anzugeben. Diese Klassifizierung wird hier nach der Struktur der mit Hilfe des Automaten auszuführenden Tätigkeit vorgenommen. Diese Tätigkeiten lassen sich (bei gleichzeitiger Beachtung der technischen Möglichkeiten) in drei Kategorien beschreiben, denen jeweils eine Klasse von Schreibautomaten zugeordnet wird.

a) Gleichlautende Texte sollen wiederholt geschrieben werden, wobei an bestimmten Stellen unterschiedliche Einfügungen möglich sein sollen (typisches Beispiel: Serienbriefe mit jeweils unterschiedlichen Anschriften und Anreden). Ein Schreibautomat, der diese Grundfunktion erfüllt, wird als <u>Textautomat</u> bezeichnet. Neben den o.g. technischen Merkmalen ist für einen Textautomaten erforderlich, daß entweder programmierte Stops gesetzt werden können oder der Schreibvorgang manuell unterbrochen werden kann, um die variablen Einfügungen vorzunehmen. Die unveränderlichen Textteile müssen vorher fehlerfrei eingegeben worden sein.

---

10) Die folgenden Ausführungen lehnen sich an den Aufsatz "Textverarbeitung mit Schreibautomaten und automatischen Schreibsystemen" an, erschienen in BTS Heft 266, Februar 1977, 18 Seiten + Tabellen.

b) Ein Text, der intellektuell neu geschaffen worden ist (und in Form eines handschriftlichen Konzeptes oder eines besprochenen Tonbandes o.ä. vorliegt), soll in eine maschinengeschriebene Fassung überführt werden, es sind aber - möglicherweise sogar umfangreiche - Änderungen zu erwarten, bevor der Text seiner eigentlichen Bestimmung entsprechend verwendet wird. Ein Schreibautomat, mit dem sich relativ einfach Änderungen in einem schon gespeicherten Text vornehmen lassen, wird als Korrekturautomat bezeichnet. Die technische Realisierung von Textänderungen (Einfügungen, Auslassen, Ändern von Buchstaben, Wörtern, Sätzen, Absätzen ...) hängt stark von der Art des Zugriffs auf den jeweiligen Textträger sowie vom Vorhandensein eines Arbeitsspeichers ab. Eine Textänderung wirft ein wichtiges Folgeproblem auf: Wie soll der neue Text in Zeilen unterteilt werden? Dazu gibt es verschiedene Strategien, von denen bei neueren Korrekturautomaten meist mehrere angeboten werden; sie seien hier nur kurz durch die Schlagwörter Umbruch, Schreibzone, Zeilenendzone, Silbentrennung angerissen. Neben der Möglichkeit, solche Textänderungen vorzunehmen, die durch intellektuelle Überarbeitung notwendig werden, können selbstverständlich auch Berichtigungen von reinen Tippfehlern vorgenommen werden, eine Möglichkeit, deren psychologischer Effekt auf den Bediener nachweislich zu deutlich entspannterem Schreiben führt.

c) Die zu erstellenden Texte sind weder einander so ähnlich, daß man sie mit den Möglichkeiten eines reinen Textautomaten schreiben könnte, noch sind sie rein individuell; man möchte vielmehr stets Teile eines Textes in einem anderen Text wieder verwenden. Dieser Ansatz führt zu dem Begriff des Textbausteins als einem Text für wiederholte Verwendung, der auf einem Textträger gespeichert ist und der (erst) in Verbindung mit anderen Textbausteinen und ggf. auch mit manuell einzugebenden Einfügungen einen sinnvollen Gesamttext ergibt. Ein Schreibautomat, der eine solche Textorganisation gestattet, heißt Korrespondenzautomat. Wesentliche Voraussetzung für ein solches Vorgehen ist einerseits, daß alle für den jeweiligen Organisationsbereich relevanten Textbausteine gesammelt und geeignet verfügbar sind, letzteres sowohl für die Sachbearbeiter (z.B. Texthandbuch) als auch innerhalb des Schreibautomaten (über Selektionskriterien). Soll der aus Bausteinen zusammengesetzte Text mehrfach geschrieben werden, so ist neben dem ursprünglichen ein zweiter Textträger oder ein genügend großer Arbeitsspeicher zur Aufnahme des Gesamttextes erforderlich.

Ein Unterschied zwischen den Formen b) und c) ist auch darin zu sehen, daß in der Variante b) die einzelnen zu schreibenden Texte völlig unabhängig voneinander sein können, wogegen die gemäß c) erstellten Texte jeweils auf einen festen Textbestand zurückgreifen (der im Texthandbuch dokumentiert ist) und damit nur einen begrenzten Themenbereich betreffen können. Man mag den Unterschied auch folgendermaßen charakterisieren: Während also in c) im wesentlichen (d.h. bis auf evtl. Einschübe) keine individuellen Texte erzeugt werden (da die Texte sich aus vorgefertigten - vorgedachten - Bausteinen zusammensetzen), ist für b) die Individualität des Textes gerade das charakteristische Kennzeichen [11].

---

11) Dieser Begriff der Individualität hat nichts damit zu tun, daß ein mittels Automat erstelltes Schreiben in seinem Äußeren stets individuell e r s c h e i n t , eine Tatsache, die von den Herstellern ja auch kräftig betont wird. Der Gegensatz der hier gemeinten Individualtität ist ein Normtext.

In der Variante c) gibt es noch verschiedene Möglichkeiten, die "Zusätze" zu behandeln, also diejenigen Textteile, die nicht in Bausteinformen vorliegen.

ca) Solche Textteile werden grundsätzlich "von Hand" eingefügt, sei es, daß der Schreibvorgang an der entsprechenden Stelle unterbrochen wird und die Schreibkraft dann den jeweiligen Zusatz eintippt, sei es, daß alle diese Zusätze in einem Vorausschritt schon getippt werden und die Maschine im Anschluß daran den vollen Text ohne Unterbrechung schreibt;

cb) Die Zusätze selbst treten auch wiederholt auf, sie werden - z.B. in einer Adressen- und Anredenliste - ihrerseits (auf Dauer) gespeichert, und das Gerät fügt die Adressen (oder sonstige Stammdaten) und die gewünschten Texte in der geforderten Form zusammen.

Mischformen der hier erwähnten - gewissermaßen reinen - Aufgabentypen sind selbstverständlich möglich und kommen auch in der Praxis vor.

Die heute von der Indsutrie angebotenen Schreibautomaten sind meist sowohl Text- als auch Korrektur- als auch Korrespondenzautomaten. Die Trennung dieser Begriffe vermag aber anzudeuten, welche technischen Einzelheiten für welche zu leistenden Tätigkeiten wichtig sind und ob man das Hauptinteresse mehr auf den einen oder den anderen Typ zu legen hat.

4. Die Untersuchung

4.1 Ziele der Untersuchung

Aus unserer Umfrage werden Aufschlüsse erwartet

- einerseits darüber, ob und ggf. in welcher Weise und in welchem Umfang der oben genannte, verfahrensbezogene Schriftverkehr bereits automatisiert abgewickelt wird,
- andererseits sollten die Umfrageergebnisse ein Bild von den jeweiligen Bedingungen der Einführung und des Einsatzes entsprechender Geräte an den verschiedenen Stellen vermitteln.

Während sich der zuerst genannte Bereich relativ einfach mit einem stark strukturierten Fragebogen erfassen läßt, ist dies bei dem zweiten Bereich nicht ohne weiteres möglich. Hier wäre eine breitere Voruntersuchung erforderlich gewesen, um Variablen eines solchen Bildes erst einmal zu sammeln. Um eine solche Voruntersuchung zu sparen und auch - wichtiger - um zu vermeiden, daß die den Fragebogen ausfüllenden Justizbediensteten durch zu stark strukturierte Fragen den Eindruck gewinnen, hier würde in unangemessenem Umfang nach internen Dingen gefragt, enthält der Fragebogen zu dem zweiten Bereich im wesentlichen nur eine Rubrik, die mit einem längeren Text gefüllt werden kann: "Bitte schildern Sie kurz Ihre Erfahrungen mit dem Textautomaten (z.B. Einarbeitungszeit, Auslastung des Gerätes, (un)erfüllte Erwartungen, Zeit-, Personaleinsparung)". Für die Auswertung der hier gemachten Eintragungen mußte daher zunächst eine Strukturierung der verschiedenen angesprochenen Erfahrungsbereiche geleistet werden.

Weiterhin sollte die Umfrage Aussagen über Entwicklungstendenzen ermöglichen: Wird eine konstante oder eine steigende Zahl von Geräten beschafft (oder eine fallende?), wird der Aufgabenbereich für diese Geräte ausgedehnt, hat die Verwendung von Schreibautomaten organisatorische Maßnahmen zur Folge (oder zur Voraussetzung) usw.

Diese Umfrage hatte sich dagegen nicht von vornherein zum Ziel gesetzt, alle heute im Justizbereich eingesetzten Schreibautomaten in die Untersuchung einzubeziehen. Dazu wäre zum einen eine genaue Abgrenzung der zu betrachtenden Stellen notwendig (was ist "der Justizbereich"?), andererseits das Einverständnis aller in Betracht gezogenen Stellen, sich an der Umfrage auch wirklich zu beteiligen. Auf diese beiden Punkte wurde jedoch zu Beginn der Untersuchung kein besonderer Wert gelegt, da zur Erreichung der oben genannten Ziele eine Vollständigkeit im erwähnten Sinne gar nicht notwendig ist. Dennoch kann aus dem Verfahren zur Bestimmung der in die Umfrage einbezogenen Stellen und aus dem Rücklauf der Fragebogen geschlossen werden, daß bezüglich einzelner Bundesländer wohl nahezu Vollständigkeit erreicht wurde (s. unter Gang der Untersuchung).

Es ist ebenfalls nicht ein Ziel der Untersuchung, die aus den Einzelangaben ausschnittsweise sichtbar werdende Organisation der einzelnen Geschäftsbereiche zu bewerten. Abgesehen davon, daß der Fragebogen dann stärker auf organisatorische Fragen hätte eingehen müssen, war auch an der Auswertung kein Organisationsfachmann i. w.S. beteiligt.

Auch eine - sicher aufschlußreiche und in anderem Zusammenhang sehr gewünschte - Bewertung der einzelnen Geräte aufgrund der uns mitgeteilten damit gemachten Erfahrungen wird durch die Form des Fragebogens erschwert. Zwar wird nach dem Gerätetyp und seiner Ausrüstung sowie nach den mit diesem Gerät gewonnenen Erfahrungen gefragt, dies geschieht aber mit einer weichen Formulierung; wer den Fragebogen ausfüllt, kann dies durchaus auf eine solche Weise tun, daß zwar in die Rubrik "Erfahrungen" etwas eingetragen wird, diese Eintragung aber so dürftig ist, daß der Inhalt für eine Bewertung der Geräte unzulänglich ist. Und eine solche Form der Beantwortung ist tatsächlich oft gewählt worden. Damit nun nicht im Nachherein aus der folgenden Darstellung der Umfrageergebnisse Ansätze einer solchen Bewertung herausgelesen werden, denen eine tragfähige Grundlage fehlen würde, werden die Ergebnisse derart dargestellt, daß eine Zuordnung von Gerätetyp und geschilderten Erfahrungen nicht möglich ist. Eine solche Zuordnung ist für die gesteckten Ziele auch nicht erforderlich.

4.2 Gang der Untersuchung

Im Dezember 1976 haben wir ein Schreiben an die Justizministerien der Länder geschickt, in dem unser Vorhaben grob beschrieben wurde (noch ohne Fragebogenentwurf), und diese um Unterstützung gebeten. Der Ausgangspunkt unserer Überlegungen war - wie oben dargestellt - die Beschäftigung mit der Zählkartenstatistik, und so war zunächst nicht daran gedacht, auch die Bundesgerichte in diese Umfrage einzubeziehen. Tatsächlich sind die Bundesgerichte in dieser Umfrage nicht vertreten. Sollte diese Arbeit in irgendeiner Weise fortgesetzt werden, so könnten sie aber durchaus mit einbezogen werden.
Die von den Justizministerien der Länder erbetene Unterstützung wurde uns - teilweise nach einem Erinnerungsschreiben - von zehn Bundesländern (einschließlich Berlin) gewährt; sie konnte drei verschiedene Formen annehmen:

- Direkte Weiterleitung unseres Schreibens an einzelne Gerichte und Staatsanwaltschaften (Bayern);
- Übersendung eines Verzeichnisses derjenigen Gerichte, Staatsanwaltschaften und Notariate, bei denen Schreibautomaten eingesetzt sind, ohne oder mit gleichzeitiger Benachrichtigung dieser Stellen von unserem Vorhaben (Baden-Württemberg, Hessen, Nordrhein-Westfalen);
- Verteilung der Fragebogen an die Gerichte und Staatsanwaltschaften in eigener Regie und anschließend Zurücksendung der ausgefüllten Fragebogen (Berlin, Bremen, Niedersachsen, Rheinland-Pfalz, Saarland, Schleswig-Holstein).

Eine Übersicht darüber, welche Gerichte und Staatsanwaltschaften überhaupt einen Schreibautomaten benutzen, liegt uns daher nur bei zweiten der drei Varianten vor; daher kann auch nur in diesem Falle die Rücklaufquote angegeben werden. Sie beträgt bzgl. Baden-Württemberg 44% (werden nur die Gerichte und Staatsanwaltschaften berücksichtigt, die Notariate also ausgeklammert, dann 57%), bzgl. Hessen 82%, bzgl. Nordrhein-Westfalen 89%. Bezüglich der dritten Variante wird vermutet, daß der Anteil der in der Umfrage aufgenommenen Schreibautomaten eher noch höher ist: Ein Schreiben der GMD wird bei den Gerichten eher unbeantwortet bleiben als ein Schreiben des Justizministeriums[12]. Bzgl. Bayern gilt folgendes: Das Bayrische Staatsministerium der Justiz hat

12) Bei dieser Überlegung wird vorausgesetzt, daß die Unterlagen des jeweiligen Justizministeriums in dieser Beziehung vollständig sind.

unser ursprüngliches Anschreiben, welches den Fragebogen noch nicht enthielt, wie beschrieben weitergeleitet. Denjenigen Stellen, die sich daraufhin an uns gewandt haben, haben wir Fragebogen zugesandt, und diese Fragebogen sind sämtlich zurückgeschickt worden.

Insgesamt haben wir von 181 Institutionen Angaben über 299 Geräte erhalten, die Antworten gingen in der Zeit vom 31.3.1977 bis zum 31.1.1978 bei der GMD ein. Hier wurden die für die Auswertungen irgendeiner Art vorgesehenen Angaben in maschinenlesbare Form übertragen, der Text aus der Rubrik "Erfahrungen" ggf. etwas gekürzt; die Auswertungen selbst wurden mit Hilfe des Datenbanksystems FIDAS durchgeführt. Um auch die Rubrik "Erfahrungen" einer maschinellen Auswertung zugänglich zu machen, wurde, wie schon erwähnt, eine intellektuelle Aufbereitung der hier gemachten Angaben durchgeführt (s. unter Einzelergebnisse).

5. Die Ergebnisse im einzelnen

5.1 Die in die Umfrage einbezogenen Justizbehörden

5.1.1 Darstellung nach Behördentyp und Bundesland

Wie oben bereits erwähnt, wurden in die Umfrage von vornherein nur solche Justizbehörden einbezogen, von denen bekannt war, daß dort Schreibautomaten eingesetzt sind. Bei diesen Stellen handelt es sich um

- 104 Amtsgerichte (AG)
- 31 Landgerichte (LG)
- 9 Oberlandesgerichte (OLG)
- das Bayerische Oberste Landesgericht (BayObLG)
- 5 Verwaltungsgerichte und Oberverwaltungsgerichte (VerwG bzw. OVerwG)
- 27 Staatsanwaltschaften und Generalstaatsanwaltschaften (StA bzw. GStA)
- 3 Notariate.

(Im weiterem Text wird der Behördentyp gelegentlich durch den hier in Klammern angegebenen Buchstaben bezeichnet).

Bei diesen Anzahlen ist zu berücksichtigen, daß Verwaltungsgerichte nur aus einigen Bundesländern, Notariate nur aus Baden-Württemberg in die Umfrage einbezogen wurden.

Die folgende Tabelle 1 zeigt die Verteilung der einzelnen Stellen auf die Bundesländer; daneben ist - soweit bekannt - die Anzahl der insgesamt vorhandenen entsprechenden Behörden angegeben.

	Baden - Württemberg	Bayern	Berlin	Bremen	Hessen	Nieder-sachsen	Nordrhein-Westfalen	Rheinland - Pfalz	Saar-land	Schleswig - Holstein	Summe
Quellen für die Gesamtanzahlen	Fußn. A	Fußn. B	Fußn. B	Fußn. B	Fußn. B	Fußn. B	Fußn. C	Fußn. B	Fußn. B	Fußn. B	
Amtsgerichte	-/108	9/ 72	2/ 7	3/ 3	7/ 58	2/ 79	62/144	-/ 47	1/ 11	18/ 42	104/571
Landgerichte	4/ 17	1/ 21	-/ 1	-/ 1	1/ 9	7/ 11	12/ 19	1/ 8	1/ 1	4/ 4	31/ 92
OLG	-/ 2	-/ 3	-/ 1 D	-/ 1	1/ 1	2/ 3	3/ 3	2/ 2	-/ 1	1/ 1	9/ 18
BayObLG		1/ 1									1/ 1
VerwG u. OVerwG						1	5/ 8				6
StA u. GStA		3		1		9	8/ 22		1	5	27
Notariate	3/299										3
Summe	7	14	2	4	9	21	90	3	3	28	181

Tabelle 1: Anzahl der in die Umfrage einbezogenen Stellen und Anzahl der überhaupt existierenden Stellen des jeweiligen Typs.

A) Gerichts- und Notariatsorganisation in Baden-Württemberg. Hrsg.: Justizministerium Baden-Württemberg, Stand: 1.3.1977.

B) Bericht des Statistischen Bundesamtes. Rechtspflege, Fachserie 10, Reihe 2.1, Zivilgerichte 1976. Stand: 31.12.1976.

C) Verzeichnis der Justizbehörden des Landes Nordrhein-Westfalen. Der Justizminister des Landes Nordrhein-Westfalen, 1410 - I B. 67. Stand: 1.1.1977.

D) Kammergericht Berlin.

Der Zahl der in die Untersuchung aufgenommenen Justizbehörden steht die Zahl der dabei betrachteten Geräte gegenüber:
In den 181 Justizbehörden sind 299 Schreibautomaten im Einsatz.

Der Quotient dieser beiden Zahlen, also die Anzahl von Geräten pro "Behörde, bei der überhaupt ein Schreibautomat im Einsatz ist", beschreibt einen Vervielfältigungseffekt (wenn ein Gerät beschafft ist und es sich bewährt hat, so wird ein weiteres beschafft); er soll hier als Vervielfältigungsgrad bezeichnet werden. Er ist stets $\geqslant 1$.

Demgegenüber beschreibt der Quotient aus der Anzahl der Behörden mit mindestens einem Schreibautomaten und der Anzahl der überhaupt existierenden entsprechenden Behörden den Willen und die Möglichkeit, diese relativ neuen technischen Möglichkeiten zu nutzen; dieser Quotient soll hier als Automationsgrad [13] bezeichnet werden. Er wird in Prozent ausgedrückt.

Die Tabellen 2 und 3 stellen diese beiden Größen, bezogen auf den Behördentyp bzw. das Bundesland, dar.

---

13) Automation kann sich selbstverständlich auch anders ausprägen als in Schreibautomaten. Genauer müßte man daher von Automationsgrad bzgl. Schreibautomaten sprechen.

Justizbehörden	Anzahl d. Behörden überhaupt	Anzahl d. Behörden in der Umfrage	Anzahl der Geräte	Automationsgrad	Vervielfältigungsgrad
Spalte - Nr.	(1)	(2)	(3)	(2) : (1)	(3) : (2)
Amtsgerichte	571	1o4	15o	18%	1.4
Landgerichte	92	31	64	34%	2.1
OLG und BayObLG	19	1o	34	53%	3.4
Summe	682	145	248	21%	1.7

Tabelle 2: Automationsgrad und Vervielfältigungsgrad in Abhängigkeit vom Behördentyp; Grundlage: 10 Bundesländer (einschließlich Berlin).

Bundesland	Anzahl d. ordentl. Gerichte	Anzahl d. ordentl. Gerichte in der Umfrage	Anzahl der Geräte	Automationsgrad	Vervielfältigungsgrad
Spalte - Nr.	(1)	(2)	(3)	(2) : (1)	(3) : (2)
Baden-Württemberg	127	4	6	3%	1.5
Bayern	97	11	16	11%	1.5
Berlin	9	2	2	22%	1.0
Bremen	5	3	6	60%	2.0
Hessen	68	9	14	13%	1.6
Niedersachsen	93	11	26	12%	2.4
Nordrhein-Westfalen	166	77	142	46%	1.8
Rheinland-Pfalz	57	3	3	5%	1.0
Saarland	13	2	3	15%	1.5
Schlesw. - Holstein	47	23	30	49%	1.3
Summe	682	145	248	21%	1.7

Tabelle 3: Automationsgrad und Vervielfältigungsgrad in Abhängigkeit vom Bundesland; Grundlage: die ordentl. Gerichte.

Die Eintragungen in den Tabellen 2 und 3 geben nur den Automationsgrad und Vervielfältigungsgrad wieder, soweit er durch die Umfrage tatsächlich sichtbar ist. Es ergibt sich folgendes Bild: Von den Amtsgerichten arbeiten 18% mit einem Schreibautomaten, von den Landgerichten 34% und von den Oberlandesgerichten 53%, der Automationsgrad ist also stark abhängig von der Gerichtsart. Dasselbe gilt von dem Vervielfältigungsgrad: Betrachtet man nur die Gerichte, die mindestens einen Schreibautomaten benutzen, so kommen auf 10 Amtsgerichte 14, auf 10 Landgerichte 21 und auf 10 Oberlandesgerichte 34 Geräte. Je höher man also in der "Gerichtshierarchie" hinaufblickt, desto eher ist überhaupt ein Schreibautomat angeschafft worden (Automationsgrad) und desto eher sind dann auch mehrere Geräte angeschafft worden (Vervielfältigungsgrad). Dieses Ergebnis ist neben einem vielleicht vorhandenen besseren Zugang zu Sachmitteln sicherlich auch damit zu erklären, daß bei "höheren" Gerichten größerer Wert auf auch optisch ansprechende Texte gelegt wird.

Blickt man nicht auf den einzelnen Gerichtstyp, sondern auf das einzelne Bundesland, so sind auch hier starke Unterschiede festzustellen (Tabelle 3). Die Ergebnisse der Tabelle 3 dürfen jedoch nicht überbewertet werden, da sie stark davon abhängen, ob wenigstens annähernd alle Geräte in die Umfrage eingegangen sind. Dies ist aber bei einigen Bundesländern (z.B. Baden-Württemberg) mit großer Wahrscheinlichkeit nicht der Fall (s.unter 4.). Nichtsdestoweniger bleibt die Summenzeile einigermaßen zuverlässig: Läßt man etwa Baden-Württemberg aus der Summenbildung heraus, so erhält man den Automationsgrad 25%, der Vervielfältigungsgrad bleibt 1.7.

5.1.2 Die mittels Schreibautomat ausgeführten Arbeiten

Grundsätzlich wird man den Einsatz eines Schreibautomaten dann erwägen, wenn die zu schreibenden Texte unter die in Abschnitt 3. genannten Kategorien fallen.

Für die Justiz gilt - ganz grob - folgendes: Die Variante cb) (Mischen von Textbausteinen mit Stammdaten) tritt bei der heutigen Verwendung der Schreibautomaten kaum auf (was nicht zuletzt daran liegen dürfte, daß die verwendeten Schreibautomaten nicht immer dem heutigen Stand der Technik entsprechen); die Form ca) ("normales" Bausteinschreiben) tritt auf, sobald eine größere Anzahl gleicher oder ähnlicher Texte erzeugt werden muß, bei denen die Individualität für nicht erforderlich gehalten wird bzw. sogar unerwünscht ist (Normtexte); vom Umfang der Arbeiten sind hier an erster Stelle die Grundbucheintragungen und die damit zusammenhängenden Arbeiten zu nennen, aber auch für Texte mit mehr "Prosacharakter" ist die Möglichkeit erkannt und genutzt worden, sie aus Bausteinen zusammenzusetzen, z.B. einvernehmliche Ehescheidungsurteile, Anklageschriften bei Straßenverkehrsdelikten usw. Letzterer Fall liest sich z.B. folgendermaßen:

34

5-6-7-8 D. vorausfahrende/entgegenkommende/überholte/
überholende Beteiligte ....

9 mußte scharf bremsen

11-12 mußte scharf bremsen und das Fahrzeug nach rechts/links reißen,

13-14-15 wodurch das Fahrzeug samt Insassen/seines Insassen/ seiner Insassin gefährdet wurde,

16-17-18 wodurch der Überholte/Überholende/Entgegenkommende samt Fahrzeug gefährdet wurde.

Im folgenden Unterabschnitt 5.1.2.1 sollen kurz die mittels Textautomaten ausgeführten Arbeiten unter dem Blickwinkel der einzelnen Behördentypen beleuchtet werden, während in 5.1.2.2 eine ausführliche systematische Darstellung der einzelnen Tätigkeiten erfolgt.

5.1.2.1 Behördentyp

An Amtsgerichten werden Schreibautomaten ganz überwiegend für Grundbuchsachen eingesetzt, nämlich an 103 von 104 Amtsgerichten in der Umfrage [14]. Hierbei handelt es sich immer um Grundbucheintragungen, mitunter nur in gewisse Abteilungen, mitunter auch in gesondert geführte Grundbücher (Wohnungseigentum, Erbbaurechte). Ein solcher Einsatz gelingt jedoch nur - darauf wird in vielen Antworten hingewiesen - wenn das Grundbuch in Loseblattform geführt wird. Die Umstellung hierauf ist - aus der Sicht eines Schreibautomaten-Benutzers - noch nicht in wünschenswertem Umfang erfolgt; so berichten mehrere Stellen, daß die Grundbucheintragungen zwar teilweise mit einem Schreibautomaten geschrieben werden, dies bei anderen Teilen jedoch nicht gelingt, da das Grundbuch hier noch in Buchform geführt wird. Zwei Zitate aus der Rubrik "Erfahrungen" mögen dies belegen:

> Durch den Automaten konnte Mehrarbeit abgefangen werden. Brauchbar ist er jedoch nur für Eintragungen in Loseblattgrundbücher, die bisher nur in geringer Zahl vorhanden sind.

> Durch den Einsatz der Geräte, der bisher allerdings nur im Loseblatt-Grundbuch möglich ist (ca. 40% des Gesamtbestandes), wurde eine saubere und übersichtliche Grundbuchführung mit einheitlichen Eintragungstexten sowie eine wesentliche Beschleunigung und Rationalisierung des Grundbuchvollzuges erreicht.

Dieses zweite Zitat nennt sehr deutlich diejenigen Punkte, die den Einsatz eines Schreibautomaten geboten erscheinen lassen können, auch wenn sich damit bei weitem nicht sämtliche Grundbucheintragungen erledigen lassen.

---

14) Einmal keine Angabe des Einsatzgebietes.

Neben den Grundbucheintragungen selbst werden teilweise auch die dazugehörigen Nebenarbeiten (Eintragungsmitteilungen, Briefe) mit dem Schreibautomaten geschrieben.

In relativ bescheidenem Umfang werden die Schreibautomaten auch für andere Arbieten genutzt: An 13 bzw. sieben Gerichten für Zivil- bzw. Strafsachen (Urteile und Beschlüsse), an zehn Gerichten für Verwaltungstätigkeiten verschiedener Art (z.B. Personalangelegenheiten).

An Landgerichten steht der Einsatz der Schreibautomaten für die Erstellung von Urteilen und Beschlüssen im Vordergrund. An 29 von 31 Landgerichten [15] in der Umfrage werden Entscheidungen in Zivilsachen, an 27 Landgerichten Entscheidungen in Strafsachen mit Hilfe eines Schreibautomaten geschrieben.

In 11 Fällen werden die Geräte auch für Verwaltungstätigkeiten herangezogen.

Bei den Oberlandesgerichten und dem Bayerischen Obersten Landesgericht findet sich ungefähr dieselbe Verteilung wie bei den Landgerichten: Zehn Gerichte sind in der Umfrage beteiligt, an neun bzw. acht werden Urteile und Beschlüsse in Zivil- bzw. Strafsachen mit Hilfe eines Schreibautomaten angefertigt, an sieben Gerichten damit Verwaltungsvorgänge geschrieben.

An den Verwaltungs- und Oberverwaltungsgerichten werden - soweit von der Umfrage erfaßt - ebenfalls hauptsächlich Urteile und Beschlüsse mit Hilfe des Schreibautomaten gefertigt.

Bei den Staats- und Generalstaatsanwaltschaften handelt es sich um Strafbefehlsanträge (19 von 27 Behörden [16]), Anklagen (23), Einstellungsbescheide (10) sowie um verschiedene Verwaltungstätigkeiten (12).

In den Notariaten werden - soweit von der Umfrage erfaßt - Grundbuchsachen erledigt; es treten dieselben Tätigkeiten wie beim Amtsgericht auf, zusätzlich spezielle Notariatstätigkeiten.

5.1.2.2 Tätigkeiten

Für eine umfassende Darstellung der einzelnen, mit dem Schreibautomaten ausgeführten Tätigkeiten wurde versucht, die in den Fragebogen genannten Arbeiten zu systematisieren. Das Ergebnis ist die dreistufige Gliederung der Tätigkeiten, wie sie in Tabelle 4 wiedergegeben ist. Die Zahlenangaben dahinter bezeichnen die Anzahl der jeweiligen Behörden, an denen diese Tätigkeit mit Hilfe eines Schreibautomaten ausgeführt wird.
Eine Eintragung in Stufe drei zieht stets eine solche in Stufe zwei, eine Eintragung in Stufe zwei zieht stets eine solche in Stufe eines nach sich, die Tabelle ist also z.B. folgendermaßen zu lesen:

Grundbuchsachen an Amtsgerichten:	103 (1.Stufe)
davon: Eintragungen Wohnungseigentum:	103 (2.Stufe)
davon: Eintragungen Wohnungseigentum:	6 (3.Stufe)

usw.

15) Einmal keine Angabe des Einsatzgebietes.

16) Einmal keine Angabe des Einsatzgebietes.

Die Detaillierung der Tätigkeitsbezeichnungen in dem Fragebogen ist unterschiedlich; die Bezeichnungen entsprechen meist der Stufe zwei oder drei. Die Tabelle darf also nicht in der Weise gelesen werden: "In nur sechs von 103 Fällen von Grundbucheintragungen am Amtsgericht werden auch Eintragungen in das Wohnungseigentumsgrundbuch vorgenommen"; richtig ist lediglich die folgende Aussage: "An 103 Amtsgerichten werden Grundbucheintragungen vorgenommen, in sechs Fällen davon wurde angegeben, daß Eintragungen von Wohnungseigentum vorgenommen werden". Entsprechendes gilt natürlich für die ganze Tabelle 4.

Damit hier nicht nur die Häufigkeiten aufgezeigt werden, sondern damit - insbesondere für Leser aus dem Justizbereich - eine Kontaktaufnahme mit den entsprechenden Gerichten und damit der direkte Erfahrungsaustausch möglich wird, wird diese Tabelle im Anhang noch einmal wiedergegeben, dort erweitert um die Bezeichnung der jeweiligen Behörden.

	A G			L G			O L G BayObLG			VerwG OVerwG			StA GStA			Notariat		
Stufe	1	2	3	1	2	3	1	2	3	1	2	3	1	2	3	1	2	3
Allgemeine Formulierungen	10			4			1						9			2		
Gleichlautende Schreiben der verschiedensten Art		7			1			1						5			2	
Texte, die Korrekturen erwarten lassen														5				
Verfügungen		3			3												1	
Grundbuchsachen	103															3		
Grundbucheintragungen		103															3	
Eintragungen Wohnungseigentum			6															
Eintragungen Erbbaurechte			3															
Eintragungsmitteilungen / -nachrichten		4																
Urkunden / Briefe		24															3	
Grundschuldbriefe			7															
Hypothekenbriefe			7															1
Rentenschuldbriefe			1															
Grundpfandrechtsbriefe			13															2
Herstellung neuer Grundbücher																	1	

(FORTS.)

Tabelle 4 : Die mit den Schreibautomaten ausgeführten Arbeiten

	A G			L G			O L G BayObLG			VerwG OVerwG			StA GStA			Notariat		
Stufe	1	2	3	1	2	3	1	2	3	1	2	3	1	2	3	1	2	3
Zivilsachen (einschl. freiwilliger Gerichtsbarkeit)	13			29			9											
Urteile und Beschlüsse		12			29			9										
Familienrechtssachen			2															
Kindschaftssachen			1															
Regelunterhaltssachen			1															
Ehescheidungssachen						2												
Entmündigungssachen			1															
Unterbringungssachen			1															
Unterbringungsverfahren nach PsychKG			1															
Entscheidungen nach § 1800 II BGB			1															
Nachlaßsachen			1															
Landwirtschaftssachen			2															
Zwangsversteigerungssachen			2															
Landwirtschaftssachen			1															
Protokolle					1			1										
Eintragungen in die Konkurstabelle		3																

(FORTS.)

Tabelle 4 : Die mit den Schreibautomaten ausgeführten Arbeiten

	A G	L G	O L G BayObLG	VerwG OVerwG	StA GStA	Notariat
Stufe	1 : 2 : 3	1: 2: 3	1: 2: 3	1: 2: 3	1: 2: 3	1: 2: 3
Strafsachen bei Staatsanwaltschaft und Amtsanwaltschaft					25: :	
Strafbefehle und Strafbefehlsanträge					:19:	
Anträge nach § 212 StPO und § 76 JGG					: 1:	
Anklagen					:23:	
Anklagen nach §§ 142, 242, 248a, 248b, 263, 265a, 315c, 330a StGB					: : 1	
Anklagen in Verkehrsstrafsachen					: : 2	
Anklagen nach §§ 2, 21 StVG					: : 1	
Anklagen nach §§ 1, 6 PflVG					: : 1	
Anklagen in Wirtschaftsstrafsachen					: : 2	
Anklagen nach § 370 AO					: : 1	
Anklagen nach §§ 15, 16 WStGB					: : 1	
NSG-Sachen					: : 1	
Schwurgerichtsanklagen					: : 1	
Ermittlungsabschlüsse					: 1:	
Einstellungsbescheide / -verfügungen					:10:	
Einstellungen nach § 153 a StPO					: 1:	
Belehrungen					: 1:	
Gewährung rechtlichen Gehörs					: 1:	
Rechtsmittelbegründungen					: 2:	
Beschwerden					: 1:	
Bescheide in Vollstreckungssachen					: 1:	
Gnadensachen					: 1:	
Petitionsberichte					: 1:	
Rechtshilfeverkehr mit dem Ausland					: 3:	
Protokolle					: 1:	

(FORTS.)

Tabelle 4 : Die mit den Schreibautomaten ausgeführten Arbeiten

	A G	L G	O L G BayObLG	VerwG OVerwG	StA GStA	Notariat
Stufe	1 : 2 : 3	1: 2: 3	1: 2: 3	1: 2: 3	1: 2: 3	1: 2: 3
Strafsachen bei Gericht	7: :	27: :	8: :			
Strafbefehlsanträge	: 1:	: :	: :			
Anschreiben zu Anklagen	: 1:	: :	: :			
Urteile und Beschlüsse	: 6:	:27:	: 8:			
Bewährungsbeschlüsse	: : 1	: :	: :			
Widerruf der Bewährung	: : 1	: :	: :			
Protokolle	: :	: 1:	: 1:			
Verwaltungsgerichtliche Tätigkeit				6: :		
Voten				: 1:		
Gründe				: 1:		
Urteile und Beschlüsse				: 6:		
Standardisierte Rechtsmittelbelehrungen				: 1:		
Notariatstätigkeit						2: :
Beurkundungen						: 1:
Beglaubugungsvermerke						: 1:
Vertragstexte						: 1:

(FORTS.)

Tabelle 4 : Die mit den Schreibautomaten ausgeführten Arbeiten

	A G			L G			O L G BayObLG			VerwG OVerwG			StA GStA			Notariat		
Stufe	1	2	3	1	2	3	1	2	3	1	2	3	1	2	3	1	2	3
Verwaltungstätigkeit	10			11			7			1			12			1		
Personalangelegenheiten		2			2			2										
Rückschreiben von Bewerbungen			1															
Personal- und Befähigungsnachweisungen			1															
Schlußberichte bei Anwärtern						1			1									
Schreiben anläßlich von Beförderungen, Versetzungen, Bewerbungen									2									
Dankurkunden						1												
Zeugnisse			1															
Standardschreiben		1			5			1										
Schreiben an Schöffen und Schiedsmänner		1			1													
Ausschreibungen		1																
Berichte (z.B. an die vorgesetzte Dienststelle)		2			3			2						5				
Besprechungsergebnisse								1						1				
Druckmatrizen		2																
Kassenanweisungen		1																
Formulare		3									1			6			1	
Umläufe								1										
Listen / Tabellen / Verzeichnisse		1			4			4						1				
Namenslisten						1												
Umlauflisten									1									
Geschäftsverteilungspläne			1			2												
Telefonverzeichnis									3						1			
Statistiken									1									
Beschriftung von Umschlägen in besonderen Fällen								1										

(ENDE)

Tabelle 4 : Die mit den Schreibautomaten ausgeführten Arbeiten

5.1.3 Die Art der gespeicherten Texte

Mit der Frage, "Was wird gespeichert? " sollte versucht werden, die Art der gespeicherten Texte nicht nach inhaltlichen, sondern nach formalen Gesichtspunkten zu klassifizieren. Leider sind die vorgegebenen Antwortmöglichkeiten nicht immer richtig verstanden worden, wie einige Widersprüche zu anderen Angaben zeigen. Dennoch ist das Gesamtergebnis plausibel und sei hier erläutert.

Für Amtsgerichte, an denen ja mit den Schreibautomaten ganz überwiegend Grundbucheintragungen getätigt werden (vgl. Abschnitt 5.1.2),liegen für die 150 Geräte 233 Angaben vor (Mehrfachangaben waren möglich). Dabei werden die gespeicherten Texte in 75% der Fragebogen als "längere zusammenhängende Texte, die wenig oder nicht geändert werden" eingestuft. 32% geben an: "Textteile, die verschieden kombiniert mal einzeln ... angesprochen werden können (Textbausteine)", und 15% mögen sich der vorgegebenen Einteilung nicht anschließen, sondern eröffnen eine eigene Rubrik "Grundbucheintragungstexte". Die "längeren zusammenhängenden Texte, die möglicherweise viel geändert werden", sind mit 14% vertreten; in diesen Fällen werden oft aber nicht nur Grundbucheintragungen getätigt, sondern der Schreibautomat wird auch für andere Dinge, z.B. Urteilsfertigung oder Verwaltungssachen, genutzt.

Für die Landgerichte und Oberlandesgerichte ergibt sich ein einheitliches, jedoch von den Amtsgerichten deutlich abweichendes Bild. Hier werden über 88% der Geräte "längere zusammenhängende Texte, die möglicherweise viel geändert werden", gespeichert. Die zweitgrößte Gruppe bilden die "längeren zusammenhängenden Texte, die wenig oder nicht geändert werden" (52%), während Textbausteine nur auf ca. 10% der Geräte verwendet werden.

Diese Angaben entsprechen der obigen Darstellung der mittels Schreibautomaten ausgeführten Arbeiten, sie geben jedoch nicht unbedingt einen entsprechenden Bedarf wieder, sondern stellen einen durch die Umfrage angetroffenen Zustand dar.

Textbausteine

In 80 Fällen wurde die (ungefähre) Anzahl der gespeicherten Textbausteine angegeben. Die Angaben schwanken beträchtlich (zwischen fünf und 1200); die Anzahl der Textbausteine ist abhängig von den Möglichkeiten der Maschine (einige Typen lassen z.B. nur 99 Textbausteine zu) und natürlich von den Gegebenheiten der jeweiligen Stelle. Die Verteilung zeigt die Tabelle 5.

Anzahl der gespeicherten Textbausteine	Anzahl der Geräte
bis unter 50	15
50 bis unter 100	28
100 bis unter 200	9
200 bis unter 500	21
500 und mehr	7

Tabelle 5: Anzahl der gespeicherten Textbausteine.

Eine Konzentration auf bestimmte Gerätetypen ist nicht zu erkennen. Die Textbausteine werden am Amtsgericht überwiegend dazu benutzt, wiederkehrende Textteile für Grundbucheintragungen auf einfache Weise ansprechen zu können (meist mit einer Selektionsnummer). Von dieser Möglichkeit wird (nach Angaben der Amtsgerichte) auf 50 Geräten (= 33%) Gebrauch gemacht. Für Staatsanwaltschaften liegt dieser Prozentsatz höher (ca. 40%), während die Land- und Oberlandesgerichte in größerem Maße die Korrekturmöglichkeiten nutzen. Hier wird nur auf gut 10% der Geräte mit Textbausteinen gearbeitet.

Stammdaten

Unter Stammdaten werden hier solche Angaben verstanden, die als Variable in Standardtexte eingesetzt werden. Als grundlegendes Beispiel mag man daran denken, daß ein fertig formulierter Brief an mehrere (viele) Empfänger geschickt werden soll. Wird dann der Verteiler (d.h. Namen, Adressen, Anreden der verschiedenen Empfänger) mit der Schreibmaschine einzeln auf jedes Exemplar dieses Briefes geschrieben, so sind eben die Stammdaten nicht gespeichert. Sind sie gespeichert, so ist es - eine entsprechende Einrichtung des Gerätes vorausgesetzt - möglich, alle diese Briefe vollautomatisch schreiben zu lassen, jedes Exemplar mit der dazugehörigen Anschrift. Ein solches Vorgehen ist in der Regel nur dann vorteilhaft, wenn derselbe Verteiler wiederholt verwendet werden kann.

Nach den Angaben der Gerichte werden auf 19 Geräten Stammdaten gespeichert, in elf Fällen ist die Anzahl der gespeicherten Stammdaten angegeben. Sie schwankt zwischen 70 und 2000.

5.1.4 Beginn des Einsatzes von Schreibautomaten

Der Fragebogen enthält nur die Frage nach dem Beginn des Einsatzes des gegenwärtig verwendeten Gerätes. In manchen Fällen, insbesondere an größeren Gerichten, geht aus dem Antwortschreiben hervor, daß vor dem gegenwärtigen Gerät bereits ein anderes eingesetzt war. Solchen Hinweisen wurde nicht weiter nachgegangen.

Die folgende Abbildung 1 enthält zu jedem Jahr die am Ende des Jahres im Einsatz befindlichen Geräte, und zwar für den einzelnen Behördentyp; zugrundegelegt sind dabei alle Schreibautomaten, die in der Umfrage erfaßt sind, für die ein Beginn des Einsatzes angegeben ist [17].

Die Kurven zeigen einen deutlichen Anstieg des Einsatzes von Schreibautomaten, eine Stagnation ist nicht zu erkennen, insbesondere wenn man beachtet, daß sich die Anzahlen jeweils auf das Ende des Jahres, diejenigen von 1977 jedoch auf die Mitte des Jahres beziehen. Die Zunahme der Geräteanzahlen erfolgt bei den Amtsgerichten unterexponentiell, bei den Landgerichten überexponentiell.

Eine entsprechende Darstellung für eine Unterscheidung nach Bundesländern sei angefügt (Abbildung 2). Sie zeigt die enorme Verbreitung von Schreibautomaten in Nordrhein-Westfalen (wo es allerdings auch die meisten Gerichte gibt); für einen Vergleich zwischen den Bundesländern ist zu beachten, daß nur die Anzahl der in der Umfrage erfaßten Geräte dargestellt ist, ein Umstand, der - wie schon erwähnt - einzelne Länder verschieden stark betrifft.

---

17) Letzteres ist bei sieben Geräten nicht der Fall.

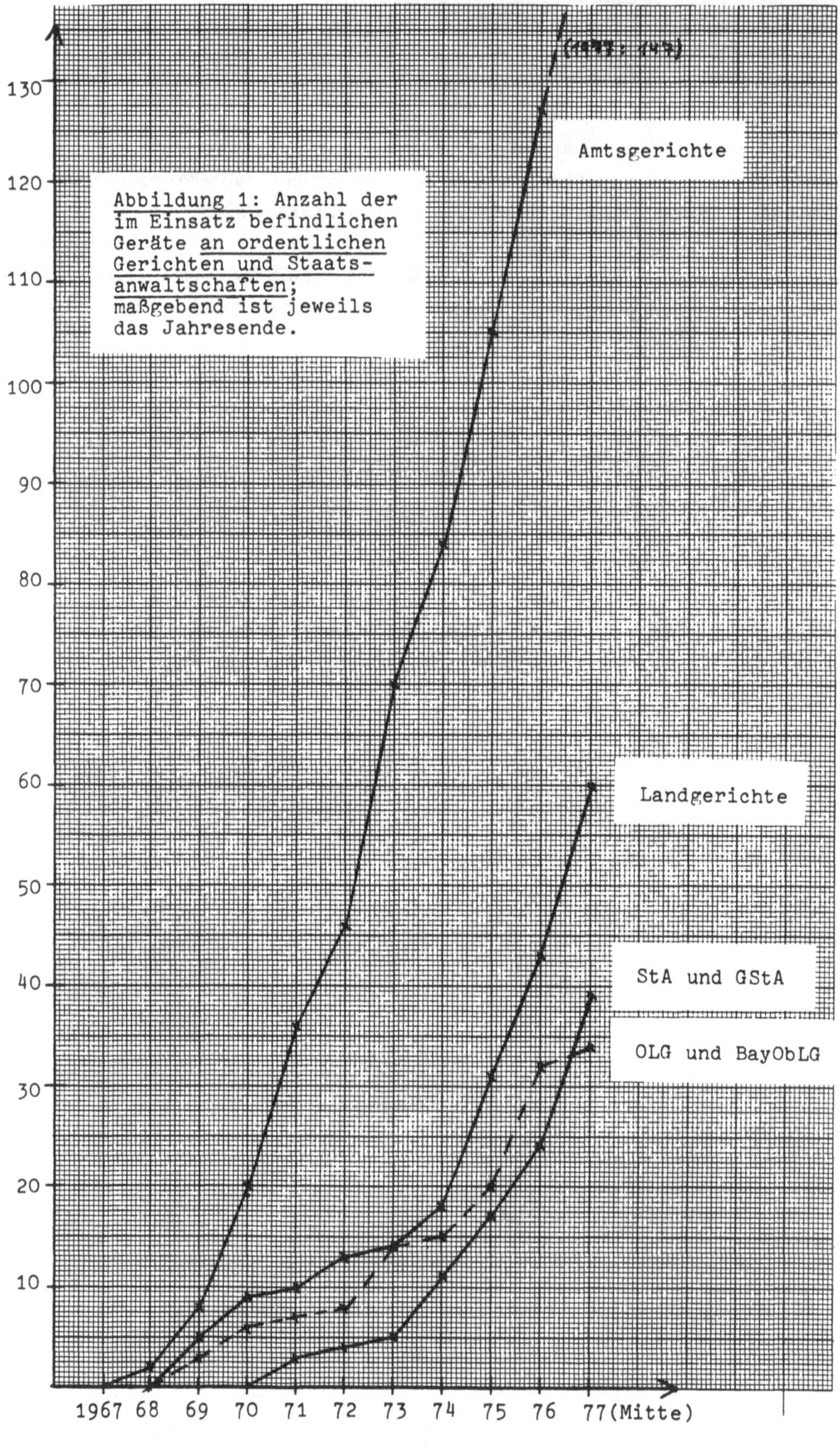

Abbildung 1: Anzahl der im Einsatz befindlichen Geräte an ordentlichen Gerichten und Staatsanwaltschaften; maßgebend ist jeweils das Jahresende.

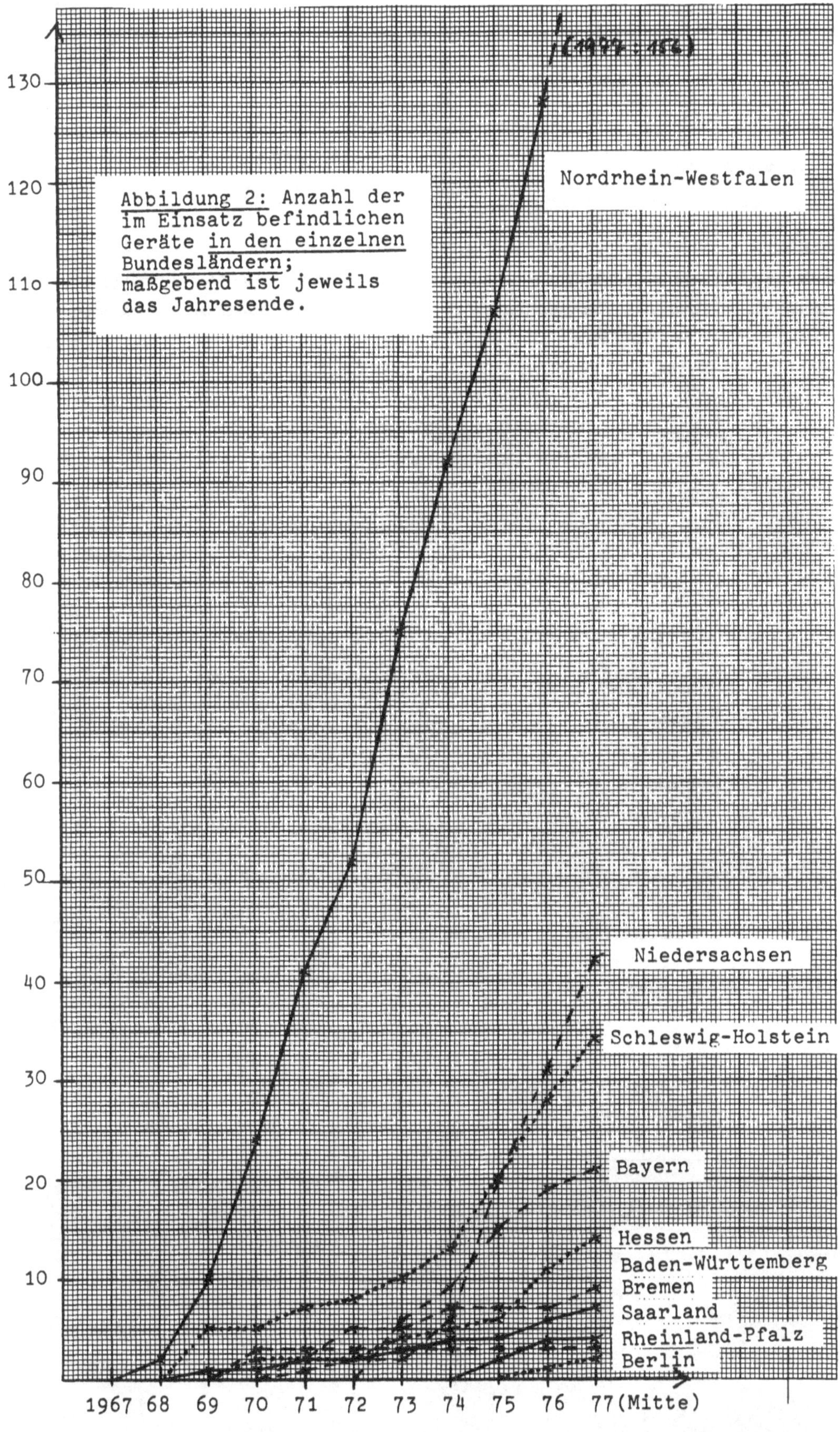

Abbildung 2: Anzahl der im Einsatz befindlichen Geräte in den einzelnen Bundesländern; maßgebend ist jeweils das Jahresende.

5.2 Die in die Umfrage einbezogenen Geräte

5.2.1 Hersteller und Gerätetypen

Die Aufgaben, die mittels des Schreibautomaten erledigt werden sollen, sind je nach Behördentyp unterschiedlich, wie in Abschnitt 5.1.2 dargestellt wurde. Da ist es nicht verwunderlich, wenn sich die verschiedenen Behördentypen Geräten von unterschiedlichen Herstellern zuwenden. Wie oft die einzelnen Hersteller vertreten sind, zeigt die folgende Tabelle 6.

Hersteller	Anzahl
ARBA	11
Datic	103
Diehl	6
Forster	5
IBM	34
Kalle	71
Olympia Eichner	2
Redactron	4
Scribona-Geräte	39
Supertyper	2
Triumph Adler	2
Xerox	5
Summe	298 [18]

Tabelle 6: In der Umfrage vertretene Hersteller

18) Ein Gerät konnte nicht zugeordnet werden.

Im einzelnen sind folgende Gerätetypen vertreten (nach den Angaben in dem Fragebogen):

Arba	PT 2000
Datic	1000
Datic	2000
Datica	300 B
Datica	410 LS
Datica	410 LS/N
Datica	410 LS/N/S
Datica	410 LS/N/SEL
Datica	410 LS/N/SEL/ZA
Datica	410 LS/N/ZA
Datica	410 LS/NS
Datica	410/SEL
Datica	410 LS/Z
Datica	410 LS/ZA
Datica	410 LS/2
Diehl	Autotext ERC
Diehl	Autotext ERC 56/SM
Diehl	Autotext SAT 805
Diehl	Autotext SAT 806
Forster	Modell 2505
Forster	Modell 2512.02
Forster	Modell 2570
IBM	MB 72
IBM	MB 72 Modell II
IBM	MB 72 Modell IV
IBM	MC 72
IBM	MC 80
IBM	MC 82
IBM	745
IBM	82 M
Kalle	infotec 7000
Olympia Eichner	TE 811 C
Redactron	MC I/S
Redactron	MT I
Redactron	MT I/S
Redactron	MT II

Remington	MT 200
Scribona-Geräte	Scribona
Scribona	Scribona 100
Scribona	Scribona 500
Supertyper	8500
TASA	600 S
TASA	9000 MB
Xerox	800
Xerox	800-3
Xerox	800-4

Bei der Verteilung der Geräte einzelner Hersteller auf die Bundesländer fällt auf, daß einige Länder ihre Stammfirmen haben, die in anderen Ländern wiederum nur sehr wenig oder garnicht vertreten sind. So stehen 10 der 11 Arba-Geräte in Niedersachsen, Kalle ist mit 21 Geräten vertreten, Datic dagegen gar nicht. Datic wird aber sehr stark in Nordrhein-Westfalen eingesetzt (90 Geräte), wo wiederum IBM gemieden wird (nur ein Gerät). In Niedersachsen und Schleswig-Holstein kümmert man sich weniger um das "Buy German", dort stehen 25 IBM-Geräte. Die Firma Kalle ist ferner gut vertreten in Nordrhein-Westfalen (36) und in Schleswig-Holstein (11), die Scribona-Geräte stehen nur in Nordrhein-Westfalen (26) und in Bayern (13).

5.2.2 Der Preis der Geräte

Die meisten der in die Umfrage aufgenommenen Geräte wurden von der Justiz gekauft, nämlich 193 Stück (knapp 65%), während bei 101 Geräten (knapp 35%) ein Miet- oder Leasingpreis angegeben ist.

Es ist nicht unproblematisch, die angegebenen Preise miteinander zu vergleichen, weil die Bedingungen, die den Preis bestimmen, zu unterschiedlich sind und nicht alle im einzelnen erfragt wurden. So kann sich der Kaufpreis auf ein neues oder ein gebrauchtes Gerät beziehen, es kann sich um einen Restkaufpreis nach einem Leasing-Vertrag handeln, er kann die Wartung des Gerätes einschließen oder nicht; und es macht sowohl vom Preis der jeweiligen Technik als auch von der allgemeinen Preisentwicklung natürlich einen Unterschied, ob ein Gerät 1970 oder 1977 gekauft wurde. Bei Miete oder Leasing treten weitere Variablen auf (z.B. Dauer des Vertrages), die bei einem Preisvergleich zu berücksichtigen wären.

Einen ungefähren Einblick davon, wieviel Geld die Justiz in Schreibautomaten zu investieren bereit war, gibt die Tabelle 7. Sie enthält nur Angaben über gekaufte Geräte, und zwar über solche, die (nach Höhe des Preises) offensichtlich als Neugeräte gekauft wurde, unabhängig davon, ob eine Wartung im Preis eingeschlossen ist oder nicht.

---

19) Bei fünf Geräten fehlt eine Angabe in dieser Rubrik.

Kaufpreis	1968	1969	1970	1971	1972	1973	1974	1975	1976	1977
	AMTSGERICHTE									
bis unter 10.000 DM			X				X	XXXXXX XXX	XXX	
10.000 DM bis unter 15.000 DM						X	XXXXX	XX		XX
15.000 DM bis unter 20.000 DM	XX	XXXXX	X	XXXXXX XXXXX	XXXXX	XXXXX	XX		XXXXXX XXXX	XXXXX
20.000 DM bis unter 25.000 DM		X		XXX	XXXXX	XXXXXX XXXXXX X	X	XXX		XXXX
25.000 DM und mehr						XXX	X		X	
Mittelwert in DM	17.000	18.000	13.800	19.100	19.900	21.600	14.500	12.400	16.200	18.000

(Forts.)

Tabelle 7 : Preise der von der Justiz gekauften Geräte (X = 1 Gerät)

Kaufpreis	1968	1969	1970	1971	1972	1973	1974	1975	1976	1977
	LG, OLG und BayObLG									
bis unter 10.000 DM										
10.000 DM bis unter 15.000 DM								XXXXX	XXXXXX	XXXXXX XXXXXX XX
15.000 DM bis unter 20.000 DM		XXX	XXX	X		X	XX		X	
20.000 DM bis unter 25.000 DM						XXXXX				
25.000 DM und mehr						X			XXXX	
Mittelwert in DM		17.000	17.300	17.000		20.900	19.700	13.400	18.900	13.200

Tabelle 7 : Preise der von der Justiz gekauften Geräte (X = 1 Gerät)

Die Tabelle 7 zeigt, daß die Ausgaben pro Gerät in den Jahren 1968 bis 1972 ca. 17.000 bis 20.000 DM [20] betrugen - mit einer steigenden Tendenz - 1973 dann aber deutlich höher lagen, nämlich im Durchschnitt 21.500 DM. 1974/75 jedoch tritt ein rapider Rückgang der Ausgaben pro Gerät ein, für die Amtsgerichte werden überwiegend Geräte für 10.000 DM beschafft. Ab 1976 wendet man sich wieder verstärkt den teureren Geräten zu. Insgesamt läßt sich keine einzelne Kurve der Entwicklung ablesen, sondern es findet eine Auffächerung auf Geräte mit sehr verschiedenen Leistungsfähigkeiten statt, was natürlich eine Auffächerung im Preisbereich zur Folge hat.

Insgesamt wurden für die in die Umfrage eingegangenen gekauften Schreibautomaten für Amtsgerichte (105 Geräte) 1,8 Mill. DM, für Landgerichte, Oberlandesgerichte und das Bayerische Oberste Landesgericht (46 Geräte) 760.000 DM, für Staats- und Generalanwaltsschaften (14 Geräte) 240.000 DM ausgegeben - jeweils in Preisen von 1977.

Interessant ist, daß die doch immerhin zu erkennenden Entwicklungen der hier vorgestellten Preise der allgemeinen Preisentwicklung geradewegs entgegen läuft.
Das Statistische Jahrbuch für die Bundesrepublik Deutschland weist aus, daß die Preise (für Geräte gleicher Leistung und Qualität) im Bereich "Büromaschinen, Datenverarbeitungsgeräte und -einrichtungen" [21] in den Jahren 1970 bis 1973 gegenüber dem jeweiligen Vorjahr stets gefallen sind, während sie ab 1974 leicht ansteigen.

Das Produkt "Schreibautomat" ist jedoch einfach zu jung, die technische Weiterentwicklung noch zu stürmisch, als daß sich über mehrere Jahre hinweg Geräte gleicher Leistung und Qualität auf dem Markt halten könnten; daher ist auch eine Kongruenz zwischen den hier betrachteten und der allgemeinen Preisentwicklung von vornherein nicht zu erwarten.
Zu der Frage Kauf oder Miete ist noch zu bemerken, daß die meisten Bundesländer die Schreibautomaten überwiegend oder ausschließlich kaufen, während Baden-Württemberg und Niedersachsen die Anmietung vorziehen.

Neben dem Kauf- oder Mietpreis für einen Schreibautomaten treten Kosten für den Unterhalt des Gerätes (Wartung) auf. Diesbezüglich wird meist mit der Hersteller- oder Vertriebsfirma ein Wartungsvertrag geschlossen, so daß die Kosten hierfür im wesentlichen konstant sind. Bei Mietverträgen ist Wartung mitunter im Mietpreis enthalten, so daß keine gesonderte Angabe über die Wartungskosten möglich ist. Die Antworten auf die Frage nach wesentlichen laufenden Kosten zeigt Tabelle 8 (monatliche Kosten wurden auf jährliche umgerechnet). Für die Wartung eines Schreibautomaten wird also ca. 1.000 bis 1.700 DM pro Jahr aufgewendet, in Einzelfällen auch beträchtlich mehr.

---

20) Die Preisangaben beziehen sich auf das jeweilige Jahr, sind also nicht in irgendeinem Sinne bereinigt.

21) Nach der Klassifikation im Statistischen Jahrbuch fallen Schreibautomaten zusammen mit Schreibmaschinen, Rechenmaschinen, Kopiergeräten usw. in die Untergruppe "Büromaschinen". Da jedoch für die Entwicklung der Schreibautomaten die EDV-Technik eine wesentliche Rolle spielt, ist hier die Preisentwicklung der Gesamtgruppe zugrundegelegt.

Treten wesentliche laufende Kosten auf ?			
Antwort	ja	nein	keine Angabe
Anzahl	202	80	17

Art der Kosten		
Antwort	Wartung	Sonstiges
Anzahl	199	3

Höhe der Wartungskosten	Anzahl
bis unter 750 DM	4
750 bis unter 1000 DM	29
1000 bis unter 1250 DM	40
1250 bis unter 1500 DM	35
1500 bis unter 1750 DM	32
1750 bis unter 2000 DM	20
2000 bis unter 2500 DM	10
2500 bis unter 3000 DM	8
3000 DM und mehr	1
ohne Angaben der Höhe	20

Tabelle 8: Laufende Kosten

5.2.3 Weitere Einzelheiten zu den Geräten

Speichermedium

Entsprechend dem hohen Anteil an DATICA-Geräten unter den heute in der Justiz im Einsatz befindlichen Schreibautomaten ist der Anteil der Lochstreifengeräte ebenfalls groß. Sieht man von wenigen Ausnahmen ab (zweimal Olympia Eichner TE 811C, zweimal Supertyper 8500), so handelt es sich bei den 104 Lochstreifengeräten (ca. 35%) sämtlich um DATICA-Geräte. Die Nachteile des Speichermediums Lochstreifen sind bekannt und kommen auch in den in dieser Umfrage mitgeteilten Erfahrungen zum Ausdruck (s. Abschnitte 5.3.5 und 5.3.8). Von den Möglichkeiten der Technik her ist der Lochstreifen als überholt anzusehen. Während aber - soweit in der Umfrage erfaßt - für Landgerichte zuletzt 1976 ein DATICA-Gerät angeschafft wurde (davor eines 1973), für Oberlandesgerichte 1970, für Staatsanwaltschaften und Verwaltungsgerichte 1974, werden für Amtsgerichte bis in die jüngste Vergangenheit hinein Lochstreifengeräte beschafft (1976 fünf Geräte und 1974 vier Geräte).

Überwiegend tritt jedoch das Speichermedium Magnetband auf (ca. 52%), meistens in Kassettenform. Daneben gibt es noch Geräte, die mit Magnetkarten arbeiten (ca. 11%), und je drei Geräte benutzen eine Magnetschleife bzw. eine Magnetplatte (Floppy Disc) als Speichermedium.

Weitere Ausrüstung

Für 19 Geräte ist angegeben worden, sie besäßen "mehrere Eingabe-/Ausgabestationen". Es ist jedoch aus den Antworten meist nicht ersichtlich, was im Einzelfall damit gemeint ist [22].
Möglicherweise ist diese Frage auf Magnetbandstationen bezogen worden. Es ist jedoch kein echtes Mehrplatzsystem in der Umfrage, d.h. ein Gerät mit zwei (oder mehr) Eingabestationen, die gleichzeitig von verschiedenen Personen bedient werden, die dabei auf denselben Datenbestand zugreifen.

Obwohl sich die Ausrüstung von Schreibautomaten mit Bildschirmen immer weiter durchzusetzen scheint und auch schon seit einiger Zeit Geräte mit Bildschirmen angeboten werden, sind nur drei Geräte aus der Umfrage mit Bildschirm ausgestattet, und diese drei Geräte stehen bei einer Behörde (Oberlandesgericht Frankfurt/Main).

Als weitere Ausstattungen werden u.a. genannt: Arbeitsspeicher (fünfmal), verschiedene Schriftbilder (einmal) und Lärmschutz (zweimal). Dieser Lärmschutz, bestehend aus Haube und Ausschäumung, ist deshalb bemerkenswert, da in mehreren Antworten über den Geräuschpegel der Geräte geklagt wird (s.Abschnitt 5.3.5). Die hier erwähnten Lärmschutzsets gehören in Kalle-infotec-Geräte.

---

22) Dieser Mangel geht auf die Gestaltung des Fragebogens zurück.

Schreibautomat und EDV

In keinem einzigen Fall werden die gespeicherten Texte von einer oder für eine EDV-Anlage zur Verfügung gestellt.

5.3 Die an den Geräten gewonnenen Erfahrungen

Der Einsatz von Schreibautomaten hat selbstverständlich Auswirkungen auf das Arbeitsumfeld: Auf die Organisation der Arbeit, auf die Personalsituation, auf die Zufriedenheit der Mitarbeiter. Dieser Bereich sowie auch eine Wertung der jeweiligen Geräte sollten in der Rubrik "Erfahrungen" dargestellt werden. In Abschnitt 3 ist erläutert, warum dazu ein nur schwach strukturierter Fragebogenteil gewählt wurde. Da der Leittext die Hinweise "Einarbeitungszeit, Auslastung des Gerätes, (un)erfüllte Erwartungen, Zeit-, Personaleinsparung" enthält, wird in den Antworten relativ oft auf diese Punkte eingegangen, während andere Bereiche der Erfahrung seltener angesprochen werden. Mitunter werden diese Punkte auch beantwortet, ohne daß eine nennenswerte Aussage dahintersteht. Wird also eingetragen

> Relativ kurze Einarbeitungszeit,
> ständige Auslastung des Gerätes,
> Erwartungen sind durchaus erfüllt,
> Zeit- und Personaleinsparung werden bejaht.

so schlagen hier die Nachteile der schwachen Strukturierung voll zu Buche. Dies muß aber keineswegs so sein. Bei vielen Antworten steht doch deutlich mehr Bemühen dahinter, die durch den Einsatz der Schreibautomaten entstandene Situation in den wesentlichen Punkten darzustellen. Dafür mögen hier die beiden folgenden Beispiele stehen.

> Es handelt sich um ein technisch so ausgereiftes, übersichtliches und leicht zu bedienenden Gerät, daß die Einarbeitungszeit kurz ist.
> Das Gerät ist voll ausgelastet; im November 1976 wurde eine Schreibleistung von ca. 800 gespeicherten und ca. 600 wiedergegebenen Seiten erzielt, was einer täglichen Seitenzahl von insgesamt ca. 72 Seiten entspricht.
> Das Gerät arbeitet einwandfrei und ist nur gering reparaturanfällig; es genügt den hier gestellten Anforderungen.
> Der technische Service ist ausgezeichnet. Die Schreibkraft ist mit dem Gerät sehr zufrieden.
> Zeit- und Personaleinsparung treten insbesondere durch die hohe Wiedergabegeschwindigkeit, die manuell nicht erreichbar ist, ein.

> Das Gerät wird weitgehend ausgelastet. Es ist allerdings während des Einsatzes zu laut und insoweit technisch zu überholen, weil die Arbeitskräfte erheblich angestrengt werden. Schon nach 1 bis 1 1/2 Stunden Arbeit an diesem Schreibautomaten klagen die Mitarbeiter über Kopfschmerzen. Die Zeit- und Personaleinsparung beträgt ca. 30%. Im übrigen ist darauf hinzuweisen, daß das Gerät schon wiederholt repariert werden mußte, und zwar übersprangen sehr häufig die Buchstaben oder Zeilen. Ebenso ergibt sich sehr häufig eine falsche Buchstabenfolge. Die Einarbeitungszeit beträgt etwa 1 Tag.

In der folgenden Darstellung werden acht Erfahrungsbereiche betrachtet, zu denen insgesamt Aussagen gemacht wurden. Dabei handelt es sich um

1) Einarbeitungszeit,
2) Zeit- und Personaleinsparungen,
3) Auslastung des Gerätes,
4) Technische Anfälligkeit des Gerätes,
5) Handhabung, Technik und Service,

6) Organisatorische Maßnahmen,
7) Ergebnis der Einführung des Schreibautomaten,
8) Allgemeiner Eindruck.

Davon sind die ersten drei Punkte stark belegt (in über 50% der Antworten werden sie behandelt), während es zu den anderen deutlich weniger Stellungnahmen gibt. Für die Auswertung wird unterschieden, ob der jeweilige Bereich eher quantitativ oder eher qualitativ bewertet werden kann. Im ersten Fall (Punkte 1,2,3,4, aber auch 8) werden hier die in der Antwortformulierung benutzten, kennzeichnenden Begriffe aufgelistet, im zweiten Fall dagegen werden eigene, standardisierte Formulierungen verwendet, und es wird erläutert, wie oft in den Antworten sinngemäß gerade diese Ansicht vertreten wird.

5.3.1 Einarbeitungszeit

Es macht natürlich einen Unterschied, ob als Einarbeitungszeit die Zeit von der ersten Berührung mit dem Gerät bis zum technischen Verständnis des Gerätes bezeichnet wird (bis also die Wirkungsweise der Hebel und Funktionstasten bekannt ist und diese mit Überlegung bedient werden können), oder ob unter diesem Begriff die Zeit bis zur völligen Beherrschung des Gerätes gerechnet wird (bis das Gerät "im Schlaf" bedient werden kann). Wenn in den Antworttexten nicht ein ausdrücklicher Hinweis enthalten war, daß ersteres gemeint ist, so wurde letzteres angenommen.
In 24 Antworten sind beide Zeitspannen ausdrücklich angesprochen, so daß in diesen Fällen ein direkter Vergleich möglich ist (s. Tabelle 9).

Anzahl der jeweiligen Kombination	Einarbeitungszeit	
	für das technische Verständnis	für die Beherrschung des Gerätes
1 mal	2 Tage	1 Monat
7 mal	2-3 Tage	2 Wochen
2 mal	3 Tage	1 Woche
2 mal	3-4 Tage	3-4 Wochen
1 mal	5 Tage	1 Monat
3 mal	1 Woche	1 Monat
1 mal	kurz	geraume Zeit
1 mal	1 Woche	geraume Zeit
1 mal	1 Woche	mehrere Wochen
3 mal	1 Woche	2-3 Monate
2 mal	1-2 Wochen	2-3 Monate

Tabelle 9: Die beiden Einarbeitungszeiten im direkten Vergleich.

Für das erste (technische) Verständnis eines der hier in Frage stehenden Schreibautomaten sind ca. ein Tag bis eine Woche benötigt worden, für die Beherrschung des Gerätes etwa zwei Monate, also etwa 10 mal so lang. Die einzelnen Angaben sind in den Tabellen 10 und 11 zusammengestellt.

Anzahl	Charakterisierungen der Einarbeitungszeit für das technische Verständnis
5 mal	keine
1 mal	minimal
1 mal	wenige Stunden
1 mal	6 Stunden
8 mal	weniger als 1 Tag
2 mal	1 Tag
1 mal	1-2 Tage
7 mal	2 Tage
6 mal	18 Stunden
1 mal	2 1/2 Tage
13 mal	2-3 Tage
3 mal	3 Tage
4 mal	3-4 Tage
2 mal	30 Stunden
2 mal	4 Tage
3 mal	5 Tage
3 mal	sehr kurz
5 mal	kurz
2 mal	wenige Tage
1 mal	ein paar Tage
2 mal	einige Tage
57 mal	1 Tag bis 6 Tage
9 mal	1 Woche
2 mal	1-2 Wochen
11 mal	7 Tage und mehr
223 mal	keine Angabe (= 75 %)

Tabelle 10 : Einarbeitungszeit für das technische Verständnis des Gerätes

Anzahl	Charakterisierungen der Einarbeitungszeit bis zur Beherrschung des Gerätes
7 mal	1 Woche
8 mal	1-2 Wochen
5 mal	14 Tage
15 mal	2 Wochen
2 mal	relativ kurz: 2 Wochen
2 mal	erfreulich kurz
2 mal	schnell
2 mal	relativ schnell
1 mal	nur gering
1 mal	unbedeutend
45 mal	bis zu zwei Wochen
3 mal	2-3 Wochen
2 mal	kurz : 2-3 Wochen
5 mal	3 Wochen
3 mal	3-4 Wochen
10 mal	4 Wochen
18 mal	1 Monat
31 mal	kurz
10 mal	relativ kurz
8 mal	verhältnismäßig kurz
3 mal	gering
4 mal	verhältnismäßig gering
2 mal	einige Wochen
2 mal	mehrere Wochen
101 mal	mehr als 2 Wochen, bis zu einem Monat
1 mal	4-6 Wochen
1 mal	4-8 Wochen
5 mal	6 Wochen
2 mal	1,5 - 2 Monate
5 mal	2 Monate
1 mal	eine gewisse Zeit
1 mal	geraume Zeit
16 mal	mehr als 1 Monat, bis zu zwei Monaten
1 mal	8-10 Wochen
1 mal	10 Wochen
1 mal	2 1/2 Monate
6 mal	2-3 Monate
1 mal	bis 3 Monate
7 mal	3 Monate
1 mal	3-4 Monate
1 mal	4 Monate
2 mal	bis 5 Monate
1 mal	mehrere Monate
1 mal	1/2 Jahr
23 mal	mehr als 2 Monate
114 mal	keine Angabe (= 38 %)

Tabelle 11 : Einarbeitungszeit bis zur Beherrschung des Gerätes

5.3.2 Zeit- und Personaleinsparungen

In der Mehrzahl der Fälle werden durch den Einsatz des Schreibautomaten Zeiteinsparungen registriert: Der einzelne Vorgang kann schneller bearbeitet werden, es kommt zu einer Beschleunigung des Geschäftsbetriebes. Dies trifft jedoch nur dann zu, wenn die einzelnen Arbeiten hinreichend gleichartig sind. Faktoren, die der Automatisierung entgegenstehen und daher im Einzelfall eben keine Zeitersparnis, sondern im Gegenteil eine Verzögerung gegenüber dem herkömmlichen Verfahren bedeuten, sind:

- Die Grundbucheintragungen können (bisher) nur teilweise im Loseblatt-Verfahren getätigt werden.
- Die Eintragungstexte in Grundbuchsachen sind nur zum Teil normierbar, häufig zwar gleichlautend, aber dann nur kurz.
- Mitunter stehen Regelungen über Zuständigkeiten einem effektiven Einsatz des Gerätes entgegen.

Diese und weitere hemmende Faktoren werden noch weiter unten (Abschnitt 5.3.6) ausführlich betrachtet.

Die Zeiteinsparung selbst ist meist verbal beschrieben worden ("ja", "erheblich") und seltener zahlenmäßig angegeben. In der Tabelle 12 werden die in den Antworten gewählten Formulierungen wiedergegeben, und zwar getrennt danach, ob eine allgemeine oder eine auf bestimmte Arbeiten beschränkte Aussage gemacht wurde.

Anzahl	Charakterisierungen der Zeiteinsparung
	A l l g e m e i n e F o r m u l i e r u n g e n
9 mal	nein
1 mal	minimal
1 mal	unwesentlich
1 mal	kaum
3 mal	wenig
1 mal	in geringem Umfang
5 mal	gering
1 mal	gering; bei Seriensachen erheblich
22 mal	nein oder gering
6 mal	20%
2 mal	30%
54 mal	ja
1 mal	nicht besonders hoch
1 mal	spürbar
1 mal	merklich
1 mal	echt
1 mal	bemerkenswert
2 mal	ergiebig
69 mal	ja, bis ca. 30 %
1 mal	1/3
2 mal	40-50%
4 mal	50%
1 mal	1/2
1 mal	bis 60%
2 mal	60%
1 mal	bis 2/3
1 mal	2/3
1 mal	50-90%
1 mal	bis 75%
1 mal	2-3 Stunden pro Tag
1 mal	3-4 Stunden pro Tag
2 mal	beachtlich, bis 50%
1 mal	deutlich spürbar
1 mal	sehr bemerkenswert
2 mal	wesentlich
3 mal	beträchtlich
4 mal	nicht unerheblich
22 mal	erheblich
52 mal	ja, über 30 %

Tabelle 12 : Zeiteinsparung, 1. Teil

Anzahl	Charakterisierungen der Zeiteinsparung
	Auf bestimmte Arbeiten beschränkte Formulierungen
1 mal	nur bei Massensachen
1 mal	ja bei umfangreichen wiederkehrenden Sachen
1 mal	ja bei Seriensachen
2 mal	ja bei umfangreichen Korrekturen langer Texte
1 mal	ja beim Schreibvorgang
6 mal	ja, bis ca. 30 %
1 mal	50% bei Textwiedergabe
1 mal	60-70% bei dem einzelnen Vorgang
1 mal	65% bei Massensachen
1 mal	65% bei mit dem Automat geschriebenen Texten
1 mal	bis 2/3 beim Schreibvorgang
1 mal	3/4 bei bestimmten Sachen
1 mal	groß bei Seriensachen
1 mal	erheblich bei großen Sachen
1 mal	gering, bei Seriensachen erheblich
9 mal	ja, über 30 %
141 mal	keine Angabe (= 47 %)

Tabelle 12 : Zeiteinsparung, 2. Teil

Das Wort "Personaleinsparung" ist schillernd. In keiner einzigen Antwort ist ein Hinweis enthalten, daß eine Schreibkraft entlassen wurde. Dagegen finden sich oft Bemerkungen derart, daß zwar der Arbeitsanfall zunehme, für diese Mehrarbeit jedoch kein zusätzliches (Schreib-)Personal benötigt werde, da durch die Benutzung des Schreibautomaten die Bearbeitungszeit für den einzelnen Vorgang verringert worden sei. Dieser Prozeß mag als indirekte Personaleinsparung bezeichnet werden, und überwiegend in diesem Sinne sind die einzelnen Angaben zu verstehen. Ein Beispiel einer Formulierung im Fragebogen sei angefügt:

Zu Personaleinsparungen wird folgendes gesagt:
Im Jahre 1974 wurden mit 2 1/2 Kräften 21.403 Grundbucheintragungen in der herkömmlichen Weise getätigt. 1975 durch den Einsatz des Automaten 27.739 Eintragungen. Diese Eintragungen wurden jeweils mit 2 1/2 Kräften vorgenommen. Daraus ergibt sich, daß eine Personaleinsparung bis zu einer Kraft erfolgen konnte.

Nur in wenigen Fällen ist von Personalumsetzungen die Rede wie in dem folgenden:

Zeitersparnis: Je nach Arbeitsablauf 50-90%,
Personaleinsparung: Keine, da freigewordene Mitarbeiter zur Beschleunigung des weiteren Geschäftsganges umgesetzt wurden. Umsetzung bei etwa 50% des Schreibdienstes.

Die Auflistung der zur Charakterisierung der Personaleinsparung benutzten Begriffe wird getrennt nach relativen Angaben (allgemeine verbale Beschreibungen, Prozentsätze) und nach absoluten Angaben (Anzahl der gesparten Arbeitskräfte) durchgeführt (Tabelle 13). Eine Umrechnung der einen Gruppe in die andere ist ohne zusätzliche Kenntnisse nicht möglich.

Anzahl	Charakterisierungen der Personaleinsparung
	R e l a t i v e F o r m u l i e r u n g e n
31 mal	nein
1 mal	keine
1 mal	nicht spürbar
1 mal	nicht merkbar
1 mal	unwesentlich
4 mal	kaum
3 mal	wenig
5 mal	gering
1 mal	in geringem Umfang
1 mal	möglich
49 mal	nein oder gering
6 mal	10%
1 mal	1/4 = 1 Arbeitskraft
2 mal	30%
34 mal	ja
2 mal	in gewissem Umfang
1 mal	merklich
1 mal	echt
2 mal	ergiebig
1 mal	nicht besonders hoch
50 mal	ja, bis ca. 30 %
10 mal	1/3
2 mal	40-50%
4 mal	50%
1 mal	bis 60%
2 mal	wesentlich
1 mal	nicht unerheblich
7 mal	erheblich
27 mal	ja, über 30 %
	A b s o l u t e F o r m u l i e r u n g e n
14 mal	1/2 Arbeitskraft
1 mal	mindestens 1/2 Arbeitskraft
1 mal	mehr als 1/2 Arbeitskraft
1 mal	1/2 bis 3/4 Arbeitskraft
1 mal	0,7 Arbeitskräfte
1 mal	bis 1 Arbeitskraft
7 mal	1 Arbeitskraft
5 mal	1 bis 1 1/2 Arbeitskräfte
1 mal	1 1/4 Arbeitskräfte
1 mal	1 1/2 bis 2 Arbeitskräfte
5 mal	2 Arbeitskräfte
38 mal	Absolute Formulierungen
135 mal	keine Angabe (= 45 %)

Tabelle 13 : Personaleinsparung

Die Antworten zeigen, daß im Vergleich zur Charakterisierung der Zeiteinsparung eine Personaleinsparung wesentlich öfter einfach verneint wird, während eine ausgesprochen große ("erhebliche") Personaleinsparung im Gegensatz zur Zeiteinsparung nur ziemlich selten verzeichnet wird. Bei diesen Vergleichen muß berücksichtigt werden, daß die oben erwähnten indirekten Personaleinsparungen sicherlich nicht in jedem Fall als solche angesehen worden sind. Dadurch ergibt sich natürlich eine stärkere Tendenz in Richtung "keine Personaleinsparung".

5.3.3 Auslastung des Gerätes

Bezüglich der Angaben zur Auslastung des Gerätes ist zunächst zu fragen, wann ein Gerät als ausgelastet zu bezeichnen ist. Bei bestehender Organisation ist das dann der Fall, wenn aus Zeitgründen keine weiteren Tätigkeiten auf dem Schreibautomaten ausgeführt werden können, auch wenn dieser nicht pausenlos am Schreiben ist, die reine Schreibkapazität also nicht ausgenutzt wird:

> Das Gerät ist weitgehend ausgelastet, wobei zu berücksichtigen ist, daß die vorbereitenden Arbeiten sehr zeitwendig sind, so daß die Schreibkapazität des Geräts längst nicht in vollem Umfange ausgenutzt werden kann.

Durch geeignete organisatorische Maßnahmen kann jedoch auch ein in diesem Sinne ausgelastestes Gerät noch stärker genutzt werden.

Während fast 80% der Antworten eine Angabe enthalten, in welchem Umfang das jeweiligen Gerät "ausgelastet" ist (in welchem Sinne auch immer), liegen nur wenige Angaben über die tatsächliche Geräte-Leistung vor. Diese sind in der Tabelle 14 zusammengestellt.

Anzahl	Charakterisierungen der Geräteleistungen
3 mal	900 Anschläge pro Minute
2 mal	70.000 Anschläge pro Tag
3 mal	80.000 Anschläge pro Tag
1 mal	80.000 - 90.000 Anschläge pro Tag
1 mal	97.000 - 100.000 Anschläge pro Tag
1 mal	über 105.000 Anschläge pro Tag
1 mal	9-10 Seiten pro Stunde; mit der Schreibmaschine 4-5 Seiten
1 mal	35-40 Seiten pro Tag
1 mal	45-50 Seiten pro Tag
6 mal	über 60 Seiten pro Tag
3 mal	65 Seiten pro Tag
5 mal	70 Seiten pro Tag
1 mal	72 Seiten pro Tag
1 mal	110 Seiten pro Tag
1 mal	dreifach gegenüber Schreibmaschine
31 mal	überhaupt eine Angabe
268 mal	keine Angabe (= 90 %)

Tabelle 14 : Geräteleistungen

Die Angaben in der Tabelle 14 sind auch keineswegs repräsentativ, da 15 der 31 Angaben von nur zwei Oberlandesgerichten stammen, die für ihre neun bzw. sechs Geräte eine sorgfältige Statistik über die Geräteleistung geführt haben.

Die Zahl der Anschläge oder der geschriebenen Seiten ist gar nicht immer ein sinnvolles Maß dafür, wieviel Arbeit mit dem Schreibautomaten erledigt wird. Dies trifft z.B. auf den Bereich Grundbuchsachen zu. Hierfür liegt folgende Angabe vor, die hier lediglich als erster Richtwert mitgeteilt wird:

> Im Jahre 1974 wurden mit 2 1/2 Kräften 21.403 Grundbucheintragungen in der herkömmlichen Weise getätigt. 1975 durch den Einsatz des Automaten 27.739 Eintragungen. Diese Eintragungen wurden jeweils mit 2 1/2 Kräften vorgenommen.

Nach den Angaben zur Auslastung der Geräte (Tabelle 15) werden die Schreibautomaten im wesentlichen voll ausgenutzt. Es ist jedoch problematisch, die am stärksten vertretene Charakterisierung, nämlich "volle Auslastung", der Gruppe "über 90%" hinzuzurechnen. Diese vage Formulierung schreibt sich allzu leicht in einem Fragebogen, als daß ihre Aussage in jedem Fall wörtlich genommen werden darf. Jedoch bleibt als Ergebnis bestehen, daß die Schreibautomaten nur in kleiner Zahl in unbefriedigender Weise gering ausgelastet sind. In diesen Fällen wird zu untersuchen sein, woran das liegt (Abschnitte 5.3.6, 5.3.8).

Anzahl	Charakterisierungen der Geräteauslastung
2 mal	nein
1 mal	25%
1 mal	30%
1 mal	30-40%
1 mal	40%
1 mal	gering
3 mal	höchstens 50%
1 mal	mindestens 3 Stunden täglich
11 mal	weniger als zur Hälfte
3 mal	50%
1 mal	gut 50%
1 mal	50-60%
1 mal	5 Stunden täglich
6 mal	60-80%
3 mal	70%
3 mal	75%
3 mal	70-80%
1 mal	50-100%
2 mal	6 Stunden pro Tag
6 mal	80%
1 mal	80-85%
1 mal	80-90%
18 mal	ja
1 mal	im wesentlichen ja
2 mal	im allgemeinen ja
2 mal	im großen und ganzen ja
6 mal	gut
1 mal	nicht ganz
8 mal	nicht voll
8 mal	noch nicht voll
2 mal	weitgehend
80 mal	mehr als zur Hälfte, bis ca. 90 %
4 mal	90%
1 mal	95%
1 mal	nahezu 100%
1 mal	in Kürze 100%
19 mal	100%
1 mal	fast voll
1 mal	fast vollständig
1 mal	nahezu
1 mal	nahezu voll
2 mal	ist gewährleistet
8 mal	ganztägig
1 mal	ständig
95 mal	voll
1 mal	stark
2 mal	sehr stark
1 mal	sehr gut
2 mal	absolut
4 mal	bis an die Grenze (9 Stunden)
146 mal	90 % und mehr
62 mal	keine Angabe (= 21 %)

Tabelle 15 : Auslastung der Geräte

5.3.4 Technische Anfälligkeit der Geräte

Nach der technischen Anfälligkeit des Gerätes wird im Fragebogen nicht explizit gefragt, dementsprechend sind Hinweise hierzu leider selten. Man muß wohl davon ausgehen, daß hierzu noch um so eher Angaben gemacht wurden, wenn ein äußerer Anlaß dazu bestand, d.h. wenn des öfteren Reparaturen erforderlich waren. Vor diesem Hintergrund betrachtet, ist die Auflistung der Charakterisierung nicht besonders aussagekräftig, sie sei hier trotzdem wiedergegeben (Tabelle 16). Während in drei Fällen erwähnt wird, daß die Geräte für Dauerbetrieb nicht geeignet seien (dann würden nämlich Fehler auftreten bzw. Reparaturen erforderlich werden), wird einmal gerade das Gegenteil ausgedrückt:

Während des gesamten Einsatzes hat das Gerät einwandfrei gearbeitet, vor allem, wenn es dauernd benutzt wurde. Längeres Ruhen tat ihm nicht gut. Wenige Reparaturen und dann nur von unbedeutender Art mit geringem Arbeits- und Materialaufwand.

Anzahl	Charakterisierungen der technischen Anfälligkeit
5 mal	gering
4 mal	in geringem Umfang reparaturanfällig
6 mal	kaum
2 mal	Ausfallzeiten sind selten
17 mal	gering
1 mal	hält sich in Grenzen
2 mal	noch störanfällig
1 mal	ja
1 mal	ja bei Dauereinsatz
1 mal	ja bei Dauerbetrieb
1 mal	Tabulator ist störanfällig
1 mal	mehrfach Reparaturen
2 mal	Reparaturen in der Anfangsphase erforderlich
1 mal	recht störanfällig
11 mal	ja
2 mal	häufig reparaturanfällig
1 mal	Gerät fällt häufig längere Zeit aus
1 mal	schon wiederholt Reparatur notwendig
2 mal	relativ hoch
1 mal	häufig defekt (ca alle 3 Monate)
1 mal	häufige Reparaturen, lange Ausfallzeiten
1 mal	relativ häufig Ausfälle
2 mal	sehr groß
3 mal	sehr hoch
1 mal	sehr störanfällig
2 mal	Probegerät war sehr störanfällig
1 mal	sehr hoch wegen Dauerbetrieb
1 mal	sehr hoch bei der Schreibmaschine
19 mal	hocn
252 mal	keine Angabe (= 84 %)

Tabelle 16 : Technische Anfälligkeit der Geräte

5.3.5 Handhabung, Technik und Service

Nach der Handhabung der Schreibautomaten wurde im Fragebogen ebenfalls nicht ausdrücklich gefragt, dementsprechend sind die Äußerungen dazu nur spärlich. Die hier angegebenen Formulierungen geben nur inhaltlich das wieder, was in der Rubrik "Erfahrungen" des Fragebogens eingetragen worden ist. 30 mal wird die Handhabung positiv beurteilt, 37 mal eher negativ, davon 3 mal sehr negativ; so wird zu der Handhabung eines Lochstreifengerätes ausgeführt:

> Zum anderen kommt eine Abneigung der Kanzleikräfte gegen die Benutzung der Automaten hinzu, da es für sie umständlicher und zeitaufwendiger ist, einen einzelnen Text durch den Automaten fertigen zu lassen als ihn selbst zu schreiben, da sie den Arbeitsplatz wechseln, das richtige Band heraussuchen, das Band durchlaufen lassen, gegebenenfalls anhalten und Änderungen vornehmen und anschließend das Band wieder aufrollen müssen. Dies lohnt sich jedoch nur, wenn mehrere wiederkehrende Texte hintereinander verarbeitet werden können.

Die kurzgefaßten Bewertungen zur Handhabung sind in Tabelle 17 zusammengestellt.

Angaben zur Technik des Gerätes sind ebenfalls nur relativ selten gemacht worden. So darf die Tabelle 18 nicht als repräsentative Übersicht verstanden werden, sie zeigt lediglich Kenngrößen auf, die dem jeweiligen Benutzer des Schreibautomaten erwähnenswert schienen. Es fällt auf, daß die meisten Klagen in dieser Beziehung sich auf die Lautstärke der Geräte beziehen (9 mal). Hier wird offenbar von den Herstellern noch zu wenig getan, und wenn doch etwas getan wird, dann ist ein Lärmschutz nicht selbstverständlich, sondern kann als Zusatz erworben werden (s. 5.2. 3, "weitere Ausrüstung").

Anzahl	Handhabung der Geräte
17 mal	Einfache Möglichkeit der Korrektur
13 mal	Bedienung ist einfach
30	positive Beurteilungen
14 mal	Handhabung ist umständlich / zeitaufwendig
11 mal	Die vorbereitenden Arbeiten sind sehr zeitaufwendig
5 mal	Textänderung ist schwierig
4 mal	Es sind nur zu wenig Durchschläge möglich
1 mal	Das Gerät bedeutet eine zusätzliche Anstrengung für die Arbeitskräfte
2 mal	Die Kanzleikräfte haben eine Abneigung gegen das Gerät
37	negative Beurteilungen
243 mal	keine Angabe (= 81 %)

Tabelle 17 : Handhabung der Geräte
(Mehrfachnennungen möglich)

Anzahl	Technik der Geräte
7 mal	Übersichtliche Tastatur
6 mal	Optische Zeilenanzeige
1 mal	Dezimalstellenautomatik
2 mal	Gerät beansprucht wenig Platz
3 mal	Rasche Selektion
19	positive Beurteilungen
2 mal	Kein Dauerbetrieb möglich
2 mal	Keine Speicherung der Seitenzahlen
9 mal	Gerät ist zu laut
3 mal	Lange Selektionszeit
1 mal	Selektionsvorrichtung ist unbrauchbar
3 mal	Geringe Haltbarkeit des Lochstreifens
5 mal	Gerät ist technisch überholt
2 mal	Verbrauch an Farbbändern ist sehr hoch
3 mal	Starke Wärmeentwicklung
3 mal	Zu kleiner Speicher
1 mal	Ausdruck auf Endlospapier muß zerschnitten und sortiert werden
1 mal	Keine Tabellierfähigkeit
35	negative Beurteilungen
261 mal	keine Angabe (= 87 %)

Tabelle 18 : Technik der Geräte
(Mehrfachnennungen möglich)

In einigen Fällen werden Angaben zum Service des jeweiligen Herstellers gemacht: 20 mal wird der Service mit verschiedenen Formulierungen lobend erwähnt, zweimal wird die gute schriftliche Anleitung hervorgehoben und zweimal wird erwähnt, daß die Schreibkräfte eine längere Einarbeitungszeit benötigt haben als von den Herstellern angegeben.

Anzahl	Service der Hersteller
20 mal	Service lobend erwähnt
2 mal	Gute schriftliche Anleitung
2 mal	Einarbeitungszeiten werden zu günstig angegeben
275 mal	keine Angabe (= 92 %)

Tabelle 19 : Service der Hersteller

5.3.6 Organisatorische Maßnahmen

In gut einem Viertel der Antworten werden organisatorische Maßnahmen erwähnt, die im Zusammenhang mit der Einführung des Schreibautomaten getroffen worden sind oder hätten getroffen werden sollen. In vielen Angaben hierzu wird erwähnt, daß sich der Einsatz des Schreibautomaten nur bei einer größeren Anzahl gleicher, möglichst auch längerer Texte wirklich lohnt.

In einem Fall wird unter "Erfahrung" gerade diese Erkenntnis aufgeführt, gleichzeitig aber ausdrücklich, daß solche Texte "hier nicht vorhanden" seien. Demgemäß entspricht das Gerät nicht den gesetzten Erwartungen. Offenbar war bei der Anschaffung des Gerätes nicht gnügend bekannt, was das Gerät zu leisten vermag bzw. welche Arbeiten man sinnvollerweise über den Schreibautomaten abwickeln wollte. Eine organisatorische Vorbereitung des Geräte-Einsatzes ist jedoch unbedingt erforderlich, damit Fehlinvestitionen vermieden werden:

> Die Einarbeitungszeit war erfreulich kurz, erforderte aber umfangreiche organisatorische Vorarbeiten (z.B. Festlegung von einheitlichen Eintragungstexten).

Insbesondere ist wichtig, daß man das anzuschaffende Gerät und seine Möglichkeiten bereits vor der Beschaffung kennenlernt, daß evtl. ein Test durchgeführt wird, daß diejenigen Schreibkräfte, die das Gerät später bedienen sollen, an diesen Vorbereitungen beteiligt werden. Ebenso wichtig ist es, daß für den laufenden Betrieb eine Person zur Verfügung steht, die diesem technischen Instrument aufgeschlossen gegenübersteht, denn dann erschließen sich leicht immer neue Anwendungsbereiche und das Gerät wird wirklich ausgelastet.

> Obgleich die Bedienung relativ einfach ist, kann das Gerät doch nur von geeigneten Kräften (Verständnis für technische Verfahrensabläufe, konstruktives Mitarbeiten bei Textentwürfen) bedient werden.

Im Laufe der Zeit wird man jedoch immer noch neue Möglichkeiten entdecken, die Maschine sinnvoll auszunutzen.

> Der Rationalisierungseffekt scheint in erster Linie mit davon abzuhängen, wie der Einsatz der Geräte organisatorisch gesteuert wird und wer das Gerät bedient. Die Auswahl der Texte zu treffen, bereitet dem Kanzleileiter keine Schwierigkeiten.
> Die Schreibkräfte sind aufgrund ihrer besonderen Fertigkeit auf der Schreibmaschine und ihrer schnellen Denkweise auch in der Lage, nicht nur die zu speichernden "Entscheidungen", sondern insbesondere auch die Berichtigungen, Ergänzungen usw. schnell und fehlerfrei in den Automaten einzugeben.

> Darüber hinaus ist die optimale und zweckmäßige Ausnutzung des Gerätes von dem jeweiligen Bediener des Gerätes abhängig. Je länger das Gerät bedient wird, umso größer ist auch der Nutzeffekt, denn es werden immer wieder andere Möglichkeiten erkannt, das Gerät voll auszunutzen. Größere Eintragungen können nicht in eine Schablone gepreßt werden, hier kommt es auf den Sachverstand des Eintragers an, wie er das Gerät am zweckmäßigsten ausnutzt.

Sind diese Voraussetzungen nicht gegeben, so kommt es leicht zu Merkwürdigkeiten etwa der folgenden Art: Der Schreibautomat wird zu 60% nur als normale Schreibmaschine benutzt; oder: Es ist nicht möglich, die gewünschte

Anzahl von Durchschlägen zu beschreiben (d.h. es ist das falsche Gerät gekauft worden); oder man gelangt zu folgender Einschätzung (!):

> Da, wo der Einsatz sich durchgesetzt hat, sind die Erfahrungen ausgezeichnet. Das Grundbuchamt hat, wie allgemein anerkannt wird, kurze Erledigungszeiten. Leider sind die Anwendungsmöglichkeiten bei weitem nicht ausgeschöpft. Den Richtern und Rechtspflegern fehlt das Verständnis für die technischen Möglichkeiten des Automaten, den Schreibkräften das Verständnis für die Normierbarkeit von Texten. Diejenigen aber, die die Sache begriffen haben, kommen gut damit zurecht. Es dürfte ungefähr dasselbe sein, als wenn einer Kamelkarawane ein Lastkraftwagen zur Verfügung gestellt wird.

Daß das Durchdenken der bestehenden Organisation nicht nur unter dem Aspekt des dazu nötigen Zeitaufwandes gesehen werden darf, sondern daß dabei auch weitergehende Verbesserungsmöglichkeiten - die evtl. über den eigentlichen Textverarbeitungsbereich hinausgehen - offenbar werden, zeigt die folgende Antwort:

> Die Konzentration und Standardisierung bestimmter Schreibarbeiten begünstigt durch notwendige organisatorische Veränderungen den Übergang vom Sekretärinnen-System zum zentralisierten Schreib- und Eintragungsdienst.

Neben diesen organisatorischen Maßnahmen, die im Verfügungsbereich des einzelnen Gerichts liegen, gibt es andere, den weitestmöglichen Einsatz der Schreibautomaten verhindernde Faktoren, die nicht von dem einzelnen Gericht direkt gesteuert werden können. Hier ist vor allem zu nennen, daß das Grundbuch bislang nur teilweise im Loseblattverfahren geführt werden kann (uns wurde ein Anteil von 40-50% des Gesamtbestandes genannt), während der Rest weiterhin in Buchform zu führen ist. In diesem Bereich ist jedoch in der nächsten Zeit sowieso mit entsprechenden Gesetzesänderungen zu rechnen, nämlich im Zusammenhang mit der beabsichtigten Automatisierung des Grundbuchs ("papierloses Grundbuch"), deren erster Einsatz für 1980 erwartet wird.

Ein anderer den Einsatz von Schreibautomaten behindernder Faktor wird in folgender Antwort genannt:

> Das Hauptproblem besteht hier noch darin, geeignete Verwaltungsvorgänge auf die Möglichkeit einer Textspeicherung hin zu prüfen und ggf. dann umzustellen, weil die kanzleimäßige Erledigung eines Verwaltungsvorganges vielfach durch mehrere Kanzleikräfte wegen unterschiedlicher Zuständigkeiten erfolgen muß.

Die wichtigsten aus den Antworten ablesbaren Angaben zu Organisationsfragen sind in Tabelle 20 zusammengestellt.

Anzahl	Organisatorische Maßnahmen
16 mal	Organisatorische Vorarbeiten sind erforderlich
3 mal	Vor der Anschaffung des Gerätes wurde Information gesammelt bzw. ein Test durchgeführt
14 mal	Nur Loseblattsachen lassen sich bearbeiten
3 mal	Zentrale Aufstellung des Gerätes ist erforderlich
15 mal	Weitere für das Gerät geeignete Arbeiten werden noch gesucht bzw. sind in Vorbereitung
9 mal	Die Mitarbeiter halten sich nicht genügend an die Normtexte
15 mal	Einsatz lohnt nur oder insbesondere bei größerer Anzahl gleicher Texte
5 mal	Organisatorische Maßnahmen wären erforderlich, sind aber derzeit nicht möglich
1 mal	Ausdruck des Schriftguts erfolgt nach Dienstschluß
5 mal	In der Anlaufphase bedeutet der Automat eine zusätzliche Belastung
3 mal	Die Arbeit von anderen Stellen wird hier mit erledigt
2 mal	Das Gerät wird teilweise nur als elektrische Schreibmaschine benutzt
2 mal	Die notwendige Standardisierung begünstigt organisatorische Veränderungen
2 mal	Schreibkräfte werden im Schichtbetrieb eingesetzt
1 mal	Zentrale Aufstellung des Geräts bedeutet längere Aktenwege
221 mal	keine Angabe (= 74 %)

Tabelle 20 : Organisatorische Maßnahmen
(Mehrfachnennungen möglich)

5.3.7 Ergebnis der Einführung des Schreibautomaten

Als Ergebnis der Benutzung von Schreibautomaten wird vor allem hervorgehoben, daß der Geschäftsbetrieb beschleunigt werden konnte, daß weniger Tippfehler als bisher auftreten und daß eine einheitliche Textwiedergabe gefertigt wird. Letzteres führt zu einer Erleichterung beim Lesen der geschriebenen Texte:

Das Lesen der eingeschriebenen Texte im Grundbuch ist erleichtert, dies kommt aber den Schreibkräften nicht zugute, da diese in der Regel nicht damit betraut sind.

Mehrfach wird auch darauf hingewiesen, daß eine Arbeitserleichterung für die Schreibkräfte eingetreten sei, daß das Personal entlastet wurde, die Schreibkräfte zufrieden sind oder die Monotonie der Arbeit gemindert wurde. Jedoch kann keine Rede davon sein, daß diese Gesichtspunkte einer Humanisierung des Arbeitsplatzes ein wirklich deutliches Gewicht in den Antworten der Rubrik "Erfahrungen" hätten.

In 29 Fällen wird angegeben, daß der Einsatz des Schreibautomaten indirekt zu Personaleinsparungen geführt habe, da nämlich ohne das Gerät zusätzliches Personal erforderlich wäre.

Die einzelnen im Nachhinein gebildeten Rubriken zeigt die Tabelle 21.

Anzahl	Ergebnis der Einführung des Textautomaten
22 mal	Rationellerer Arbeitsablauf
12 mal	Arbeitserleichterung für die Schreibkräfte
38 mal	Weniger oder keine Tippfehler
35 mal	Einheitliche Textwiedergabe
15 mal	Hohe Wiedergabegeschwindigkeit
2 mal	Dauerleistung des Gerätes
42 mal	Beschleunigung des Geschäftsbetriebs
13 mal	Zeitersparnis beim Lesen der geschriebenen Texte
7 mal	Personal wurde entlastet
8 mal	Zufriedenheit der Schreibkräfte
2 mal	Minderung der Monotonie
29 mal	Ohne das Gerät wäre zusätzliches Personal erforderlich
2 mal	Eingabezeiten sind gering
2 mal	Vereinfachung der Verfügungstechnik
6 mal	Der Einsatz lohnt nur, falls nicht zu viele Änderungen im Text anfallen
235	positive Beurteilungen
1 mal	Größere Monotonie
2 mal	Der Schreibautomat ist wesentlich zeitaufwendiger als die elektrische Schreibmaschine
1 mal	Der Schreibautomat bringt lediglich eine Umschichtung des Schreibwerks
4	negative Beurteilungen
164 mal	keine Angabe (= 55 %)

Tabelle 21 : Ergebnis der Einführung des Textautomaten (Mehrfachnennungen möglich)

5.3.8 Allgemeiner Eindruck

Formulierungen, die die gewonnenen Erfahrungen in einem Satz zusammenfassen, werden hier als "allgemeiner Eindruck" vorgestellt. Die meisten dieser Formulierungen sind zumindest nicht negativ, ja, recht viele sogar ausgesprochen positiv, einige sind fast überschwenglich (s. Tabelle 22).

Anzahl	Charakterisierungen des allgemeinen Eindrucks
1 mal	nur eingeschränkt verwendungsfähig, mehr Aufwand als vorher
1 mal	mehr Fehler als vor Einsatz des Gerätes
2 mal	Benutzung des Geräts ist stark rückläufig
1 mal	eher negativ als positiv : Gerät wurde abgeschafft
1 mal	Schreibautomat in der Justiz kaum geeignet
6 mal	sehr negativ
1 mal	früher benutztes Gerät war besser
2 mal	Möglichkeiten leider bei weitem nicht ausgeschöpft
2 mal	Die Benutzung des Geräts ist rückläufig
2 mal	Gerät ist nicht optimal geeignet, es besteht Wunsch nach Ersatz
1 mal	Lochstreifengerät ist nur bedingt geeignet
1 mal	Lochstreifengerät nur bedingt geeignet, neues Gerät in Vorbereitung
1 mal	Lochstreifengerät ist für Bausteintexte wenig geeignet
1 mal	Korrigieren ist zeitaufwendiger als bei anderen Geräten
1 mal	Gerät ist technisch anfällig, Bedienung strengt an
1 mal	leider sehr reparaturanfällig
13 mal	eher negativ
1 mal	keine negativen Erfahrungen
5 mal	sowohl positiv als auch negativ
1 mal	Gerät technisch in Ordnung, Organisation schwierig wegen verschiedener Zuständigkeiten
2 mal	Rationalisierungseffekt hängt von Organisation und Schreibkräften ab
1 mal	Dezernenten müssen die Möglichkeiten erst nutzen lernen
1 mal	Gewonnene Arbeitszeit wird durch längeren Aktenweg aufgezehrt
11 mal	sowohl positiv als auch negativ

(Forts.)

Tabelle 22 : Allgemeiner Eindruck

Anzahl	Charakterisierungen des allgemeinen Eindrucks (Forts.)
1 mal	Gerät entspricht den Erwartungen
11 mal	Gerät hat sich bewährt
4 mal	Gerät konnte zufriedenstellen
1 mal	grundsätzlich positiv
1 mal	Gerät arbeitet wirtschaftlich
1 mal	Anfangs Schwierigkeiten, jetzt vollwertige Leistung
1 mal	Zeitersparnis, besonders bei eiligen Sachen
1 mal	Gerät arbeitet einwandfrei, vor allem im Dauerbetrieb
4 mal	gute Erfahrungen
3 mal	durchaus zufriedenstellend
1 mal	Einsatz mit Erfolg
1 mal	positive Erfahrungen, Wunsch nach neuerem, leistungsfähigerem System
1 mal	sehr brauchbar für Masseneintragungen
1 mal	Gerät bringt spürbare Erleichterung
2 mal	Gerät bringt spürbare Entlastung
2 mal	Gerät ist großer Fortschritt
36 mal	eher positiv
1 mal	gute bis sehr gute Erfahrungen
4 mal	sehr gute Erfahrungen
1 mal	Gerät bringt wesentliche Erleichterung
7 mal	Gerät genügt vollauf, Schreibkräfte sind sehr zufrieden
1 mal	Gerät ausgereift, arbeitet einwandfrei, Schreibkräfte sehr zufrieden
1 mal	beträchtliche Arbeitserleichterung
2 mal	erhebliche Rationalisierung
1 mal	Erhebliche Beschleunigung des Geschäftsablaufs
1 mal	für Massensachen hervorragend geeignet
4 mal	Gerät ist optimal verwendbar
4 mal	Gerät wird optimal genutzt
1 mal	Gerät ist unentbehrlich geworden
1 mal	Gerät brachte anderweitig kaum erreichbaren Erfolg
29 mal	sehr positiv
204 mal	keine Angabe (= 68 %)

Tabelle 22 : Allgemeiner Eindruck

Die Aufmerksamkeit soll hier jedoch noch auf diejenigen Antworten gelenkt werden, in denen ein sehr negativer allgemeiner Eindruck mitgeteilt wird. Für diese Fälle sei hier die gesamte Rubrik "Erfahrungen" wiedergegeben:

> Die Einarbeitungszeit dürfte bei etwa 1-2 Wochen liegen. Obwohl das Gerät voll ausgelastet ist, läßt sich weder Zeit noch Personal einsparen. Da der Text erst im Konzept abgeschrieben, sodann durchgelesen und verbessert und erst dann die Reinschrift gefertigt werden kann, ist die Bedienung des Schreibautomaten mit einem Mehr an Zeitaufwand (etwa 1/3) im Vergleich zu einer normalen elektrischen Schreibmaschine verbunden. Späteres Einfügen oder sogar das Neuschreiben einer ganzen Seite erfordern wesentlich mehr Zeitaufwand.
> Als positiver Eindruck kann lediglich das saubere Schriftbild angegeben werden.
> Alles in allem ist der Schreibautomat für das bei Gerichten anfallende Schreibwerk nur eingeschränkt verwendungsfähig.

> Das Gerät ist ganztätig ausgelastet;
> Fehlerquellen sind häufiger als beim bisherigen Vollzug;
> Personaleinsparungen ergeben sich nicht, der Grundbuchvollzug wird jedoch beschleunigt.

> Die Anzahl der Texte, die mit dem Automaten gefertigt werden, ist stark rückläufig. Teilweise bedingt dadurch, daß die Dezernate des öfteren geändert werden und die neuen Dezernenten sich nicht an die gespeicherten Texte halten. Ergänzungen oder Umstellungen innerhalb des Textes erschweren jedoch die Benutzung der Bänder oder machen sie unmöglich.
> Zum anderen kommt eine Abneigung der Kanzleikräfte gegen die Benutzung der Automaten hinzu, da es für sie umständlicher und zeitaufwendiger ist, einen einzelnen Text durch den Automaten fertigen zu lassen als ihn selbst zu schreiben, da sie den Arbeitsplatz wechseln, das richtige Band heraussuchen, das Band durchlaufen lassen, gegebenenfalls anhalten und Änderungen vornehmen und anschließend das Band wieder aufrollen müssen. Dies lohnt sich jedoch nur, wenn mehrere wiederkehrende Texte hintereinander verarbeitet werden können.

> Das Gerät ist außer Betrieb seit dem 11.02.1975.
> Die Erfahrungen mit dem Gerät sind eher negativ als positiv zu bezeichnen. Dies beruht vor allem darauf, daß das Gerät häufig defekt war (durchschnittlich alle 3 Monate). Dadurch verlängerten sich die Zeiten bis zur Durchführung der Reparaturen und es wurden Dispositionsänderungen im Arbeitsablauf der Kanzlei erforderlich. Das Gerät, das hier nur bei längeren Urteilen und Beschlüsse sinnvoll einzusetzen ist, konnte außerdem nicht voll ausgelastet werden.
> Eine Zeitersparnis war nur in den Fällen zu erzielen, in denen ein Text lediglich geringfügig geändert werden mußte.
> Eine Personaleinsparung konnte ebenfalls nicht erzielt werden.
> Abschließlich kann gesagt werden, daß die mit dem Einsatz des Automaten verbundenen Erwartungen sich nicht erfüllt haben.

> Die Einarbeitungszeit beträgt etwa 1-2 Wochen. Das Gerät ist voll ausgelastet; eine Zeit- oder Personaleinsparung kann mit dem Schreibautomaten jedoch NICHT erzielt werden. Im Gegenteil: Mit einer normalen elektrischen Schreibmaschine könnte bis zu 40% mehr Schreibwerk erledigt werden. Der Verbrauch an Farbbändern ist mindestens doppelt so hoch wie bei einer normalen Schreibmaschine. Darüber hinaus hat das Gerät eine starke Wärmeentwicklung.
> Zusätzliche Eingaben (z.B. Suchwörter) und Verbesserungen erfordern zu viel Zeitaufwand.
> Einzig und allein konnte das sehr saubere Schriftbild überzeugen.
> Fazit: Für das hier anfallende Schreibwerk ist der Schreibautomat kaum geeignet, da dessen verschiedene Möglichkeiten innerhalb der Justiz nicht ausgenützt werden können.

Für den Erfolg beim Einsatz eines Schreibautomaten ist es unumgänglich, daß das Gerät von den Bedienungskräften selbst als auch von den Personen, die die Schreibaufträge erteilen (Richter, Rechtspfleger) akzeptiert wird. Die in 5.3.6 angeführten Beispiele bezeugen dies in positiver Richtung, die hier wiedergegebenen Erfahrungen zeigen die andere

Seite. Vor dem Hintergrund der vielfältigen, in dieser Umfrage zur Sprache gekommenen positiven Erfahrungen vermögen die hier genannten negativen Eindrücke nicht recht zu überzeugen. Immerhin bleibt festzuhalten, daß der Einsatz von Schreibautomaten in der Justiz - neben den allgemein auftretenden Problemen bei einer Rationalisierung - besondere Probleme aufwirft (Zwang zur Buchführung, strenge Regelung von Zuständigkeiten, Beharren der Dezernenten auf "eigenen" Texten, nicht zuletzt Art und Umfang der zu schreibenden Texte selbst), die im Einzelfall dazu führen können, daß die Benutzung des Gerätes zurückgeht oder aber der Schreibautomat sogar abgeschafft wird.

6. Selbstkritische Schlußbemerkung

Es ist eine wiederkehrende Erfahrung bei auf ein konkretes Ziel gerichteten, zeitlich beschränkten Tätigkeiten (Projektarbeit), daß man am Ende ganz genau weiß, wie man hätte anfangen sollen. Diese Erfahrung bestätigt sich auch bzgl. der Konzipierung, Durchführung und Auswertung dieser Umfrage. Sie war auch für den Autor ein Lernprozeß; er spürt, daß einige Fragen offen geblieben sind, die sehr wohl in diesem Zusammenhang hätten erörtert werden können, die aber bei der Konzipierung dieser Umfrage noch nicht im Blickfeld vorhanden waren.

Ob auf den hiermit vorgelegten Ergebnissen in irgendeiner Weise aufgebaut werden wird, z.B. im Sinne einer vertieften Umfrage oder einer (zeitlichen) Fortführung der erhaltenen Übersicht, das wird sehr von den Reaktionen der Praxis auf diese Darstellung abhängen. Der Autor jedenfalls ist für jede Art von Anregung und Kritik offen und dankbar.

7. Anhang

7.1 Fragebogen

7.2 In die Umfrage einbezogene Stellen

7.3 Mittels Schreibautomat ausgeführte Arbeiten

GMD - PROJEKT MEREFO / Schreibautomaten

Bezeichnung des Gerichts/ der sonstigen Behörde:	
Anschrift:	
Telefon:	Ihr Zeichen:

Bitte zurücksenden an:

Gesellschaft für Mathematik und Datenverarbeitung
z.Hd. Herrn Reichelt/IDR
Postfach 124o
52o5 St. Augustin

GMD - PROJEKT MEREFO / Schreibautomaten

Hersteller des Schreibautomaten:
Typ, Bezeichnung:
Benutzen Sie mehrere Geräte dieses Typs? Insgesamt: ☐
Preis je Gerät ca. ☐ DM ☐ Kaufpreis ☐ mtl. Mietpreis; Mietdauer: ☐ Leasing; Dauer:
Treten wesentliche lfd. Kosten auf (z.B. Wartungskosten)? ☐ Ja ☐ Nein Falls Ja, bitte Art und ungefähre Höhe angeben.
Kontaktperson auf seiten des Herstellers Anschrift, Telefon:

Seit wann wird dieser Schreibautomat bei Ihnen eingesetzt?
Benutzen Sie noch andere Schreibautomaten (andere Typen, andere Hersteller)? Ja ☐ Dann bitte weitere Fragebogen ausfüllen
Wie viele Personen arbeiten unmittelbar an/mit der Maschine?

GMD - PROJEKT MEREFO / Schreibautomaten

Für welche Abteilung(en) wird der Textautomat genutzt?

Welche Arbeiten werden mit dem Textautomaten durchgeführt?
(z.B. Grundbucheintragungen, Urteilsentwürfe usw.)

Die Texte werden gespeichert auf

- ☐ Lochstreifen
- ☐ Magnetschleife
- ☐ Magnetkarte
- ☐ Magnetplatte
- ☐ Magnetband
- ☐ Magnetkassette
- ☐ ....
- ☐ ....

Weitere Ausrüstung des Gerätes (ggf. bitte auch Anzahl angeben)

- ☐ mehrere Eingabe-/Ausgabestationen
- ☐ Bildschirm
- ☐ Konsoldrucker
- ☐ Schnelldrucker
- ☐ ....

Was wird gespeichert?

☐ Längere zusammenhängende Texte, die wenig oder nicht geändert werden (z.B. Standardbriefe)

☐ Längere zusammenhängende Texte, die möglicherweise viel geändert werden (z.B. Urteilsentwürfe)

☐ Textteile, die verschieden kombiniert und einzeln (z. B. durch eine Nummer) angesprochen werden können (Textbausteine)

☐ Unveränderliche Stammdaten (z.B. Name, Anschrift, Aktenzeichen, Termine; Stammdaten werden oft gerade nicht gespeichert, sondern im Einzelfall eingesetzt)

☐ Listen, Tabellen

☐ ....

Falls Textbausteine gespeichert werden: Ungefähre Anzahl

Falls Stammdaten gespeichert werden: Ungefähre Anzahl

Besteht eine Verbindung zur EDV, d.h. werden Teile der gespeicherten Texte von einer oder für eine EDV-Anlage zur Verfügung gestellt?

☐ Ja

☐ Nein

GMD - PROJEKT MEREFO / Schreibautomaten

Bitte schildern Sie kurz Ihre Erfahrungen mit dem Textautomaten
(z.B. Einarbeitungszeit, Auslastung des Gerätes, (un)erfüllte
Erwartungen, Zeit-, Personaleinsparung)

Kontaktperson für diese Erfahrungen

Anschrift, Telefon:

In die Umfrage einbezogene Stellen

Baden-Württemberg

Landgerichte

Freiburg	1 Gerät
Konstanz	1 Gerät
Mannheim	2 Geräte
Stuttgart	2 Geräte

Notariate

Friedrichshafen	1 Gerät
Heilbronn	1 Gerät
Reutlingen	1 Gerät

Bayern

Amtsgerichte

Augsburg	1 Gerät
Bamberg	1 Gerät
Fürstenfeldbruck	1 Gerät
Fürth	1 Gerät
München	6 Geräte
Nürnberg	1 Gerät
Regensburg	1 Gerät
Rosenheim	1 Gerät
Schweinfurt	1 Gerät

Landgerichte

Nürnberg-Fürth	1 Gerät

Bayerisches Oberstes Landesgericht

München	1 Gerät

Staatsanwaltschaften

München I	3 Geräte
München II	1 Gerät
Nürnberg-Fürth	1 Gerät

Berlin

Amtsgerichte

Berlin-Schöneberg	1 Gerät
Berlin-Tempelhof/Kreuzberg	1 Gerät

Bremen

Amtsgerichte

Bremen	4 Geräte
Bremen-Blumenthal	1 Gerät
Bremerhaven	1 Gerät

Staatsanwaltschaften

Bremen	1 Gerät

Hessen

Amtsgerichte

Darmstadt	1 Gerät
Friedberg (Hessen)	1 Gerät
Kassel	2 Geräte
Lahn-Gießen	1 Gerät
Marburg	1 Gerät
Offenbach	1 Gerät
Wiesbaden	3 Geräte

Landgerichte

Darmstadt	1 Gerät

Oberlandesgerichte

Frankfurt	3 Geräte

Niedersachsen

Amtsgerichte

Braunschweig	3 Geräte
Hannover	2 Geräte

Landgerichte

Braunschweig	3 Geräte
Göttingen	2 Geräte
Hannover	2 Geräte
Hildesheim	2 Geräte
Oldenburg	1 Gerät
Stade	2 Geräte
Verden	3 Geräte

Oberlandesgerichte

Braunschweig	2 Geräte
Celle	4 Geräte

Staatsanwaltschaften

Braunschweig	2 Geräte
Göttingen	1 Gerät
Hannover	3 Geräte
Hildesheim	1 Gerät
Lüneburg	1 Gerät
Oldenburg	2 Geräte
Osnabrück	1 Gerät
Stade	1 Gerät
Verden	1 Gerät

Verwaltungsgerichte

Hannover	3 Geräte

Nordrhein-Westfalen

Amtsgerichte

Aachen	4 Geräte
Ahaus	1 Gerät
Bad Oeynhausen	1 Gerät
Bergheim/Erft	1 Gerät
Bergisch Gladbach	1 Gerät
Bielefeld	2 Geräte
Bocholt	1 Gerät
Bochum	2 Geräte
Bonn	2 Geräte
Borken / Westf.	1 Gerät
Brühl	1 Gerät
Detmold	1 Gerät
Dorsten	1 Gerät
Dortmund	4 Geräte
Düren	1 Gerät
Düsseldorf	3 Geräte
Duisburg	2 Geräte
Eschweiler	1 Gerät
Essen-Steele	1 Gerät
Euskirchen	1 Gerät
Gelsenkirchen-Buer	1 Gerät
Gladbeck	1 Gerät
Gütersloh	1 Gerät
Gummersbach	1 Gerät
Hagen	1 Gerät
Hamm	1 Gerät
Heinsberg	1 Gerät
Herford	2 Geräte
Ibbenbüren	1 Gerät
Iserlohn	1 Gerät
Kamen	1 Gerät
Köln	5 Geräte
Königswinter	1 Gerät
Lemgo	1 Gerät
Leverkusen	1 Gerät
Lüdenscheid	1 Gerät
Lüdinghausen	1 Gerät
Marl	1 Gerät
Mettmann	1 Gerät
Minden	1 Gerät
Mönchengladbach	1 Gerät
Mönchengladbach-Rheydt	1 Gerät
Moers	1 Gerät
Mülheim a. d. Ruhr	1 Gerät
Münster	2 Geräte
Neuss	4 Geräte
Oberhausen	1 Gerät
Paderborn	1 Gerät
Recklinghausen	1 Gerät
Rheine	1 Gerät
Schwelm	1 Gerät
Siegburg	2 Geräte
Siegen	1 Gerät
Soest	1 Gerät

Solingen	1 Gerät
Steinfurt	1 Gerät
Tecklenburg	1 Gerät
Unna	1 Gerät
Viersen	1 Gerät
Waldbröl	1 Gerät
Warendorf	1 Gerät
Wuppertal	9 Geräte

Landgerichte

Arnsberg	1 Gerät
Bielefeld	4 Geräte
Dortmund	4 Geräte
Düsseldorf	5 Geräte
Duisburg	2 Geräte
Essen	4 Geräte
Hagen	3 Geräte
Kleve	1 Gerät
Mönchengladbach	2 Geräte
Paderborn	2 Geräte
Siegen	1 Gerät
Wuppertal	1 Gerät

Oberlandesgerichte

Düsseldorf	9 Geräte
Hamm	7 Geräte
Köln	4 Geräte

Staatsanwaltschaften

Bielefeld	2 Geräte
Bochum	1 Gerät
Bonn	1 Gerät
Dortmund	3 Geräte
Düsseldorf	2 Geräte
Essen	2 Geräte
Hagen	2 Geräte
Münster	1 Gerät

Verwaltungsgerichte

Aachen	1 Gerät
Arnsberg	1 Gerät
Düsseldorf	1 Gerät
Minden	1 Gerät

Oberverwaltungsgerichte

Münster	2 Geräte

Rheinland-Pfalz

Landgerichte

Frankenthal	1 Gerät

Oberlandesgerichte

Koblenz	1 Gerät
Zweibrücken	1 Gerät

Saarland

Amtsgerichte

Saarbrücken	2 Geräte

Landgerichte

Saarbrücken	1 Gerät

Staatsanwaltschaften

Saarbrücken	1 Gerät

Schleswig-Holstein

Amtsgerichte

Ahrensburg	1 Gerät
Bad Segeberg	1 Gerät
Eckernförde	1 Gerät
Elmshorn	1 Gerät
Flensburg	1 Gerät
Husum	1 Gerät
Itzehoe	1 Gerät
Kiel	1 Gerät
Lübeck	2 Geräte
Meldorf	1 Gerät
Neumünster	1 Gerät
Neustadt in Holstein	1 Gerät
Niebüll	1 Gerät
Norderstedt	1 Gerät
Pinneberg	1 Gerät
Rendsburg	1 Gerät
Schleswig	1 Gerät
Schwarzenbek	1 Gerät

Landgerichte

Flensburg	2 Geräte
Itzehoe	2 Geräte
Kiel	3 Geräte
Lübeck	2 Geräte

Oberlandesgerichte

Schleswig	2 Geräte

Staatsanwaltschaften

Flensburg	1 Gerät
Itzehoe	1 Gerät
Kiel	1 Gerät
Lübeck	1 Gerät

Generalstaatsanwaltschaften

Schleswig	1 Gerät

M i t   S c h r e i b a u t o m a t
a u s g e f ü h r t e   A r b e i t e n

1 Allgemeine Formulierungen

1. 1 Gleichlautende Schreiben der verschiedensten Art
- Baden-Württemberg
  - Notariat Heilbronn
  - Notariat Reutlingen
- Bayern
  - BayObLG München
- Berlin
  - AG Berlin-Schöneberg
- Hessen
  - AG Wiesbaden
- Niedersachsen
  - StA Oldenburg
- Nordrhein-Westfalen
  - AG Herford
  - AG Lemgo
  - AG Lüdenscheid
  - AG Oberhausen
  - StA Hagen
  - StA Münster
- Saarland
  - StA Saarbrücken
- Schleswig-Holstein
  - AG Meldorf
  - LG Flensburg
  - StA Itzehoe
  - StA Kiel

1. 2 Texte, die Korrekturen erwarten lassen
- Bayern
  - StA München I
- Niedersachsen
  - StA Braunschweig
  - StA Hannover
  - StA Stade
- Nordrhein-Westfalen
  - StA Hagen

1. 3 Verfügungen
- Baden-Württemberg
  - LG Stuttgart
  - Notariat Reutlingen
- Niedersachsen
  - LG Verden
- Nordrhein-Westfalen
  - AG Bad Oeynhausen
  - AG Düren
  - AG Eschweiler
  - LG Bielefeld

2 Grundbuchsachen

2. 1 Grundbucheintragungen

Baden-Württemberg
- Notariat Friedrichshafen
- Notariat Heilbronn
- Notariat Reutlingen

Bayern
- AG Augsburg
- AG Bamberg
- AG Fürstenfeldbruck
- AG Fürth
- AG München
- AG Regensburg
- AG Rosenheim
- AG Schweinfurt

Berlin
- AG Berlin-Schöneberg
- AG Berlin-Tempelhof/Kreuzberg

Bremen
- AG Bremen
- AG Bremen-Blumenthal
- AG Bremerhaven

Hessen
- AG Kassel
- AG Lahn-Gießen
- AG Marburg
- AG Offenbach

Niedersachsen
- AG Braunschweig
- AG Hannover

Nordrhein-Westfalen
- AG Aachen
- AG Ahaus
- AG Bad Oeynhausen
- AG Bergheim/Erft
- AG Bergisch Gladbach
- AG Bielefeld
- AG Bocholt
- AG Bochum
- AG Bonn
- AG Borken / Westf.
- AG Brühl
- AG Detmold
- AG Dorsten
- AG Dortmund
- AG Düren
- AG Düsseldorf
- AG Duisburg
- AG Eschweiler
- AG Essen-Steele
- AG Euskirchen
- AG Gelsenkirchen-Buer
- AG Gladbeck
- AG Gummersbach
- AG Hagen
- AG Hamm
- AG Heinsberg
- AG Herford
- AG Ibbenbüren
- AG Iserlohn
- AG Kamen

AG Köln
AG Königswinter
AG Lemgo
AG Leverkusen
AG Lüdenscheid
AG Lüdinghausen
AG Marl
AG Mettmann
AG Minden
AG Mönchengladbach
AG Mönchengladbach-Rheydt
AG Moers
AG Mülheim a. d. Ruhr
AG Münster
AG Neuss
AG Oberhausen
AG Paderborn
AG Recklinghausen
AG Rheine
AG Siegburg
AG Siegen
AG Soest
AG Solingen
AG Tecklenburg
AG Unna
AG Viersen
AG Waldbröl
AG Warendorf
AG Wuppertal

Saarland
AG Saarbrücken

Schleswig-Holstein
AG Ahrensburg
AG Bad Segeberg
AG Eckernförde
AG Elmshorn
AG Flensburg
AG Husum
AG Itzehoe
AG Kiel
AG Lübeck
AG Meldorf
AG Neumünster
AG Neustadt in Holstein
AG Niebüll
AG Norderstedt
AG Pinneberg
AG Rendsburg
AG Schleswig
AG Schwarzenbek

2. 1. 1 Eintragungen Wohnungseigentum

Bayern
AG Nürnberg

Hessen
AG Darmstadt
AG Friedberg (Hessen)
AG Wiesbaden

Nordrhein-Westfalen
AG Gütersloh
AG Steinfurt

2. 1. 2 Eintragungen Erbbaurechte
Hessen
AG Darmstadt
Nordrhein-Westfalen
AG Gütersloh
AG Steinfurt

2. 2 Eintragungsmitteilungen / -nachrichten
Bayern
AG Fürth
Hessen
AG Kassel
Nordrhein-Westfalen
AG Bochum
AG Münster

2. 3 Urkunden / Briefe
Nordrhein-Westfalen
AG Essen-Steele
AG Hamm
AG Mülheim a. d. Ruhr

2. 3. 1 Grundschuldbriefe
Bayern
AG Regensburg
Nordrhein-Westfalen
AG Bad Oeynhausen
AG Bonn
AG Dortmund
AG Lemgo
AG Rheine
AG Viersen

2. 3. 2 Hypothekenbriefe
Baden-Württemberg
Notariat Friedrichshafen
Nordrhein-Westfalen
AG Bad Oeynhausen
AG Bonn
AG Dortmund
AG Lemgo
AG Paderborn
AG Rheine
AG Viersen

2. 3. 3 Rentenschuldbriefe
Nordrhein-Westfalen
AG Dortmund

2. 3. 4 Grundpfandrechtsbriefe
Baden-Württemberg
Notariat Heilbronn
Notariat Reutlingen
Bayern
AG München
Berlin
AG Berlin-Schöneberg
Niedersachsen
AG Braunschweig
AG Hannover

Nordrhein-Westfalen
- AG Bochum
- AG Detmold
- AG Düsseldorf
- AG Eschweiler
- AG Ibbenbüren
- AG Münster
- AG Steinfurt

Schleswig-Holstein
- AG Itzehoe
- AG Pinneberg

2.4 Herstellung neuer Grundbücher

Baden-Württemberg
- Notariat Heilbronn

3 Zivilsachen (einschl. freiwilliger Gerichtsbarkeit)

3.1 Urteile und Beschlüsse

Baden-Württemberg
- LG Freiburg
- LG Konstanz
- LG Mannheim
- LG Stuttgart

Bayern
- BayObLG München

Hessen
- AG Wiesbaden
- LG Darmstadt
- OLG Frankfurt

Niedersachsen
- LG Braunschweig
- LG Göttingen
- LG Hannover
- LG Hildesheim
- LG Stade
- LG Verden
- OLG Braunschweig
- OLG Celle

Nordrhein-Westfalen
- AG Königswinter
- AG Wuppertal
- LG Arnsberg
- LG Bielefeld
- LG Dortmund
- LG Düsseldorf
- LG Duisburg
- LG Essen
- LG Hagen
- LG Kleve
- LG Mönchengladbach
- LG Paderborn
- LG Siegen
- OLG Düsseldorf
- OLG Hamm
- OLG Köln

Rheinland-Pfalz
LG Frankenthal
OLG Zweibrücken
Schleswig-Holstein
AG Ahrensburg
LG Flensburg
LG Itzehoe
LG Kiel
LG Lübeck
OLG Schleswig

3. 1. 1 Familienrechtssachen
Nordrhein-Westfalen
AG Duisburg
AG Siegburg

3. 1. 2 Kindschaftssachen
Nordrhein-Westfalen
AG Herford

3. 1. 3 Regelunterhaltssachen
Nordrhein-Westfalen
AG Siegburg

3. 1. 4 Ehescheidungssachen
Bayern
LG Nürnberg-Fürth
Saarland
LG Saarbrücken

3. 1. 5 Entmündigungssachen
Nordrhein-Westfalen
AG Duisburg

3. 1. 6 Unterbringungssachen
Nordrhein-Westfalen
AG Duisburg

3. 1. 7 Unterbringungsverfahren nach PsychKG
Nordrhein-Westfalen
AG Tecklenburg

3. 1. 8 Entscheidungen nach § 1800 II BGB
Nordrhein-Westfalen
AG Tecklenburg

3. 1. 9 Nachlaßsachen
Nordrhein-Westfalen
AG Herford

3. 1.10 Landwirtschaftssachen
Nordrhein-Westfalen
AG Düren
AG Herford
Schleswig-Holstein
AG Niebüll

3. 1.11 Zwangsversteigerungssachen
Bremen
AG Bremen-Blumenthal
Schleswig-Holstein
AG Meldorf

3. 2 Protokolle
Baden-Württemberg
LG Konstanz
Nordrhein-Westfalen
OLG Hamm

3. 3 Eintragungen in die Konkurstabelle
Nordrhein-Westfalen
AG Duisburg
AG Iserlohn
AG Siegburg

4 Strafsachen bei Gericht

4. 1 Strafbefehlsanträge
Bayern
AG Schweinfurt

4. 2 Anschreiben zu Anklagen
Schleswig-Holstein
AG Flensburg

4. 3 Urteile und Beschlüsse
Baden-Württemberg
LG Freiburg
LG Konstanz
LG Mannheim
LG Stuttgart
Hessen
AG Wiesbaden
LG Darmstadt
OLG Frankfurt
Niedersachsen
AG Braunschweig
LG Braunschweig
LG Göttingen
LG Hannover
LG Hildesheim
LG Oldenburg
LG Stade
LG Verden
OLG Braunschweig
OLG Celle
Nordrhein-Westfalen
AG Siegen
AG Wuppertal
LG Bielefeld
LG Dortmund
LG Duisburg

LG Essen
LG Hagen
LG Kleve
LG Mönchengladbach
LG Paderborn
LG Siegen
OLG Düsseldorf
OLG Hamm
OLG Köln
Rheinland-Pfalz
LG Frankenthal
OLG Zweibrücken
Saarland
LG Saarbrücken
Schleswig-Holstein
AG Flensburg
LG Flensburg
LG Itzehoe
LG Kiel
LG Lübeck
OLG Schleswig

4. 3. 1 Bewährungsbeschlüsse
Nordrhein-Westfalen
AG Siegburg

4. 3. 2 Widerruf der Bewährung
Nordrhein-Westfalen
AG Siegburg

4. 4 Protokolle
Baden-Württemberg
LG Konstanz
Nordrhein-Westfalen
OLG Hamm

5 Strafsachen bei Staatsanwaltschaft und Amtsanwaltschaft
Niedersachsen
StA Braunschweig

5. 1 Strafbefehle und Strafbefehlsanträge
Bayern
StA München I
StA München II
StA Nürnberg-Fürth
Bremen
StA Bremen
Niedersachsen
StA Göttingen
StA Hannover
StA Hildesheim
StA Lüneburg
StA Oldenburg
StA Osnabrück

StA Stade
StA Verden
Nordrhein-Westfalen
StA Düsseldorf
StA Münster
Saarland
StA Saarbrücken
Schleswig-Holstein
StA Flensburg
StA Itzehoe
StA Kiel
StA Lübeck

5. 2 Anträge nach § 212 StPO und § 76 JGG
Bayern
StA München I

5. 3 Anklagen
Bayern
StA München II
Niedersachsen
StA Göttingen
StA Hannover
StA Hildesheim
StA Lüneburg
StA Oldenburg
StA Osnabrück
StA Stade
StA Verden
Nordrhein-Westfalen
StA Bielefeld
StA Dortmund
StA Düsseldorf
StA Essen
StA Hagen
StA Münster
Saarland
StA Saarbrücken
Schleswig-Holstein
StA Flensburg
StA Itzehoe
StA Kiel

5. 3. 1 Anklagen nach §§ 142, 242, 248a, 248b, 263, 265a, 315c, 330a StGB
Schleswig-Holstein
StA Lübeck

5. 3. 2 Anklagen in Verkehrsstrafsachen
Bayern
StA Nürnberg-Fürth
Bremen
StA Bremen

5. 3. 3 Anklagen nach §§ 2, 21 StVG
Schleswig-Holstein
StA Lübeck

5. 3. 4 Anklagen nach §§ 1, 6 PflVG
Schleswig-Holstein
StA Lübeck

5. 3. 5 Anklagen in Wirtschaftsstrafsachen
Niedersachsen
StA Hannover
Nordrhein-Westfalen
StA Bochum

5. 3. 6 Anklagen nach § 370 AO
Schleswig-Holstein
StA Lübeck

5. 3. 7 Anklagen nach §§ 15, 16 WStGB
Schleswig-Holstein
StA Lübeck

5. 3. 8 NSG-Sachen
Niedersachsen
StA Hannover

5. 3. 9 Schwurgerichtsanklagen
Niedersachsen
StA Hannover

5. 4 Ermittlungsabschlüsse
Nordrhein-Westfalen
StA Bochum

5. 5 Einstellungsbescheide / -verfügungen
Bayern
StA München II
Niedersachsen
StA Hannover
Nordrhein-Westfalen
StA Bielefeld
StA Dortmund
StA Düsseldorf
StA Essen
StA Hagen
Schleswig-Holstein
StA Flensburg
StA Lübeck

5. 6 Belehrungen
Niedersachsen
StA Hannover
Nordrhein-Westfalen
StA Düsseldorf

5. 7 Gewährung rechtlichen Gehörs
Schleswig-Holstein
StA Lübeck

5. 8 Rechtsmittelbegründungen
Nordrhein-Westfalen
StA Bochum
StA Dortmund

5. 9 Beschwerden
Nordrhein-Westfalen
StA Dortmund

5.10 Bescheide in Vollstreckungssachen
Schleswig-Holstein
StA Kiel

5.11 Gnadensachen
Nordrhein-Westfalen
StA Dortmund

5.12 Petitionsberichte
Nordrhein-Westfalen
StA Bielefeld

5.13 Rechtshilfeverkehr mit dem Ausland
Niedersachsen
StA Hannover
Nordrhein-Westfalen
StA Dortmund
StA Münster

5.14 Protokolle
Nordrhein-Westfalen
StA Bochum

6 Verwaltungsgerichtliche Tätigkeit

6. 1 Voten
Niedersachsen
VerwG Hannover

6. 2 Gründe
Niedersachsen
VerwG Hannover

6. 3 Urteile und Beschlüsse
Niedersachsen
VerwG Hannover
Nordrhein-Westfalen
VerwG Aachen
VerwG Arnsberg
VerwG Düsseldorf
VerwG Minden
OVerwG Münster

6. 4 Standardisierte Rechtsmittelbelehrungen
Nordrhein-Westfalen
VerwG Arnsberg

7 Notariatstätigkeit

7. 1 Beurkundungen
Baden-Württemberg
Notariat Friedrichshafen

7. 2 Beglaubigungsvermerke
Baden-Württemberg
Notariat Friedrichshafen

7. 3 Vertragstexte
Baden-Württemberg
Notariat Reutlingen

8 Verwaltungstätigkeit
Nordrhein-Westfalen
AG Siegburg
Schleswig-Holstein
GStA Schleswig

8. 1 Personalangelegenheiten

8. 1. 1 Rückschreiben von Bewerbungen
Bayern
AG Bamberg

8. 1. 2 Personal- und Befähigungsnachweisungen
Nordrhein-Westfalen
AG Wuppertal

8. 1. 3 Schlußberichte bei Anwärtern
Rheinland-Pfalz
OLG Koblenz
Saarland
LG Saarbrücken

8. 1. 4 Schreiben anläßlich von Beförderungen, Versetzungen, Bewerbungen
Nordrhein-Westfalen
OLG Hamm
Rheinland-Pfalz
OLG Koblenz

8. 1. 5 Dankurkunden
Nordrhein-Westfalen
LG Siegen

8. 1. 6 Zeugnisse
Nordrhein-Westfalen
AG Wuppertal

8. 2 Standardschreiben
Hessen
LG Darmstadt
Niedersachsen
LG Hannover
LG Hildesheim

OLG Braunschweig
Nordrhein-Westfalen
AG Wuppertal
LG Kleve
Schleswig-Holstein
LG Itzehoe

8. 3 Schreiben an Schöffen und Schiedsmänner
Bremen
AG Bremen-Blumenthal
Nordrhein-Westfalen
LG Kleve

8. 4 Ausschreibungen
Nordrhein-Westfalen
AG Lüdenscheid

8. 5 Berichte (z.B. an die vorgesetzte Dienststelle)
Bayern
AG München
BayObLG München
Niedersachsen
LG Stade
Nordrhein-Westfalen
AG Wuppertal
LG Bielefeld
StA Bielefeld
StA Bochum
StA Dortmund
StA Essen
StA Hagen
Rheinland-Pfalz
OLG Koblenz
Saarland
LG Saarbrücken

8. 6 Besprechungsergebnisse
Bayern
BayObLG München
Nordrhein-Westfalen
StA Bochum

8. 7 Druckmatrizen
Bayern
AG München
Nordrhein-Westfalen
AG Kamen

8. 8 Kassenanweisungen
Bayern
AG Rosenheim

8. 9 Formulare
Baden-Württemberg
Notariat Heilbronn

Bayern
AG München
StA München II
Niedersachsen
StA Hannover
StA Oldenburg
StA Verden
Nordrhein-Westfalen
AG Euskirchen
AG Gummersbach
StA Bielefeld
StA Münster
VerwG Aachen

8.10 Umläufe
Bayern
BayObLG München

8.11 Listen / Tabellen / Verzeichnisse
Hessen
LG Darmstadt
Schleswig-Holstein
OLG Schleswig

8.11. 1 Namenslisten
Schleswig-Holstein
LG Flensburg

8.11. 2 Umlauflisten
Bayern
BayObLG München

8.11. 3 Geschäftsverteilungspläne
Baden-Württemberg
LG Stuttgart
Nordrhein-Westfalen
AG Wuppertal
Saarland
LG Saarbrücken

8.11. 4 Telefonverzeichnis
Bayern
BayObLG München
Niedersachsen
OLG Celle
Nordrhein-Westfalen
OLG Hamm
Schleswig-Holstein
StA Kiel

8.11. 5 Statistiken
Bayern
BayObLG München

8.12 Beschriftung von Umschlägen in besonderen Fällen
Niedersachsen
OLG Celle